児童・家庭福祉の基礎とソーシャルワーク

櫻井 慶一

学文社

まえがき

　わが国の近年の社会・経済状況の急激な変化は，児童・家庭福祉についてもその根幹を揺るがす大きな課題を生じさせている。具体的な課題の第一は，「超少子高齢化」社会といわれる事態である。わが国の近年の出生児数は約100万人であるが，これは明治期，1880年代頃の数値である。少子化や家族規模の縮小が，児童の育ちに必要な仲間集団や家族関係が自然には得られない生育環境の悪化を招き，地域の人々とほとんど交流の無い孤立した家庭の中で母子一体の「密室育児」を生むことの原因ともなっている。今日では地域自体の消滅も危惧される市町村も多く，生活や教育・文化環境も悪化していることは良く知られている通りである。

　また，第二の課題には，長引く不況を背景に児童を育てる家庭の経済格差が広がり，6人に1人といわれる「貧困児童」，とりわけ母子家庭でのその率は50％を超えるなど，児童や子育て家庭を取りまく経済的基盤の悪化がかなり深刻な状況になっていることがある。そうした不安定な家庭環境が，激増している「児童虐待」問題の背景に共通してあることは見落としてはならないことである。

　第三の課題には，近年，小・中学校の普通学級や特別支援学校（学級），保育所等の児童福祉施設にさまざまな「気になる子」や，その保護者に心の病気等を抱えている「心配な家庭」が多くなっていることをあげることができる。また，小学校，中学校等での校内暴力やいじめ，不登校などの件数が急増していることも気がかりなことであ

る。

　以上のような大きな課題の解決には時間がかかり，児童・家庭福祉関係者だけでは対応できない問題も多いが，個別的に当該児童や家庭への適切な福祉的な対応が求められるものであり，地域の関連する機関や関係者等による連携・協力（ネットワーク）による総合的な支援の必要があるものである。今日の児童・家庭福祉に求められている基本視点は，何よりも個々の児童や子育て家庭への実践的な福祉支援（ソーシャルワーク）機能の強化である。

　本書は，以上のような現状認識と問題意識を基本に，2009年度に筆者により刊行された『初めての児童・家庭福祉』を全面的に改訂，加筆したものである。この数年は「児童福祉法」の大幅改正や「子ども子育て支援新制度」の成立など，児童・家庭福祉に関連する諸制度や，子どもやその家庭をとりまく環境が激変する過程でもあった。

　そのため，本書では，第一部では児童・家庭福祉の理解に必要な総論（概論）を，第二部では支援方法としてのソーシャルワークと児童・家庭福祉領域の今日的な諸課題（各論）についてわかりやすく解説した。本書が大学・短大，専門学校等での「児童・家庭福祉」の学習や実践活動に役立つことができれば幸いである。

　本書の刊行にあたり，学文社社長の田中千津子さん，編集部の落合絵理さんには多くのご助言・ご配慮をいただいた，記して心よりお礼申し上げたい。

　2016年3月

著　者

目　次

第一部　児童・家庭福祉の基本概念

第1章　児童・家庭福祉の基本理念とその現状……………………2
第1節　児童・家庭福祉の定義と家庭の役割………………………2
(1) 児童の概念と児童・家庭福祉の定義……………………………2
(2) 児童福祉と家庭の役割……………………………………………5
第2節　児童・家庭福祉の機能とソーシャルワーク………………7
(1) 児童・家庭福祉の機能とその仕事の特徴………………………7
(2) 児童・家庭福祉とソーシャルワーカー…………………………8
第3節　児童や家庭をとりまく福祉の諸問題
　　　　―ソーシャルワークを必要とする背景―……………………10
(1) 保育施設や小学校等での特別な支援を要する
　　児童・家庭の増加………………………………………………10
(2) 貧困児童の増加と児童・家庭福祉の役割………………………13

第2章　児童・家庭福祉の歴史…………………………………………15
第1節　児童・家庭福祉の成立と発展………………………………15
(1) イギリスにおける児童・家庭福祉の歩み………………………15
(2) わが国の児童・家庭福祉の歩み…………………………………20
第2節　世界の子どもたちの現状と子どもの権利条約……………26
(1) 世界の子どもたちの現状…………………………………………26

(2)　子どもの権利条約（児童の権利に関する条約）の成立…29
　　　(3)　子どもの権利条約の意義と児童・家庭福祉……………31

第 3 章　児童・家庭福祉のサービス体系………………………34
　第 1 節　児童・家庭福祉サービスの類型とその利用……………34
　　　(1)　児童・家庭福祉サービスの類型………………………34
　　　(2)　児童・家庭福祉の専門機関……………………………37
　第 2 節　児童福祉施設とその利用…………………………………44
　　　(1)　児童福祉施設の区分と利用児童数……………………44
　　　(2)　施設サービスの利用体系と費用負担…………………46
　　　(3)　「児童福祉施設の設備及び運営に関する基準」と
　　　　　サービスの質の確保………………………………………49

第 4 章　児童・家庭福祉の専門職員と援助技術………………53
　第 1 節　児童・家庭福祉の専門職員とその要件…………………53
　　　(1)　児童福祉施設と専門機関の主な職員…………………53
　　　(2)　児童福祉施設職員の要件………………………………54
　第 2 節　児童・家庭福祉の専門援助技術…………………………56
　　　(1)　ソーシャルワークの体系とその役割…………………56
　　　(2)　ケースワークとグループワーク（直接援助技術）……58
　　　(3)　コミュニティワーク（間接援助技術）…………………64

　　　第二部　ソーシャルワークと児童・家庭福祉の今日的課題

第 5 章　ソーシャルワークと児童・家庭福祉……………………68
　第 1 節　児童・家庭福祉領域でのソーシャルワーク概念と展開…68

(1) 児童・家庭福祉領域でのソーシャルワークの定義と
　　　　基本理念……………………………………………………68
　　(2) 児童・家庭ソーシャルワークの展開とその特徴………69
　第2節　「保育ソーシャルワーク」の基本概念 ………………72
　　(1) 保育ソーシャルワークの定義とその概念………………72
　　(2) 保育ソーシャルワークの成立と構成要素………………73

第6章　保育サービスをめぐる諸問題……………………………78
　第1節　保育所制度の概要と役割の歴史的変化………………78
　　(1) 保育所制度の概要と現状…………………………………78
　　(2) 保育所の歴史と役割の歴史的変化………………………81
　　(3) 放課後児童健全育成事業（放課後児童クラブ，
　　　　学童保育）の現状と「放課後子ども総合プラン」………84
　第2節　地域子育て支援と児童館………………………………87
　　(1) 地域における子育て支援の必要性と内容………………87
　　(2) 児童館の現状と課題………………………………………90
　第3節　保育サービスの改革課題と今後の展望………………92
　　(1) 子ども・子育て新制度の概要と課題……………………92
　　(2) 保育サービスの質をめぐる諸問題………………………96

第7章　児童・家庭福祉の今日的諸問題……………………… 100
　第1節　児童虐待問題と児童相談所　　　　　　　　　　　 100
　　(1) 児童虐待の概念と児童虐待防止法……………………… 100
　　(2) 児童虐待の増加とその内容……………………………… 103
　　(3) 児童虐待問題と児童相談所……………………………… 105
　第2節　施設養護と家庭的養育制度…………………………… 108

(1) 児童養護施設などでの対応と課題……………………… 108
　　　(2) 里親制度と養子制度…………………………………… 111
　　第3節　ひとり親家庭をめぐる諸問題……………………… 116
　　　(1) ひとり親家庭をめぐる動向と特徴…………………… 116
　　　(2) ひとり親家庭と児童・家庭福祉課題………………… 117

第8章　児童・家庭福祉と教育をめぐる諸問題……………… 121
　　第1節　児童・家庭福祉と障がい児教育…………………… 121
　　　(1) 障がい児教育の現状と障がい児福祉の動向………… 121
　　　(2) 障がい児施設と教育問題……………………………… 124
　　第2節　いじめ，不登校，非行児童の問題と児童・家庭福祉… 127
　　　(1) いじめ問題と福祉課題………………………………… 127
　　　(2) 不登校児童の問題と福祉課題………………………… 129
　　　(3) 非行児童の問題と福祉課題…………………………… 133

参考資料　子どもの権利条約（児童の権利に関する条約）（抜粋）… 137

索　引……………………………………………………………… 150

第一部　児童・家庭福祉の基本概念

第1章

児童・家庭福祉の基本理念とその現状

第1節　児童・家庭福祉の定義と家庭の役割

(1) 児童の概念と児童・家庭福祉の定義

　児童福祉（child well-being）は社会福祉の一分野であり，基本的人権の保障と自己実現を目的とした社会福祉の諸原則が適用されるものである。したがって，その定義は，「すべての児童が所有すると考えられる基本的人権の法的，社会的な保障」と簡単にまとめることができる。近年ではその成育基盤としての家庭の役割の強化と親子のきずなの強化を目的に，児童（子ども）・家庭福祉（child welfare and family services）とまとめて表現することも一般化している。

　しかし，児童福祉の主体である"児童（子ども）とは何か"という問いに対しては，児童と大人との区別は精神的にも肉体的にも明確なものではなく，法律的にも「児童」の年齢区分は，「児童福祉法」では原則として，満18歳に満たない者であるのに対し，「母子及び父子並びに寡婦福祉法」では20歳に満たない者をいうなど一様ではない。国際的にも，児童の基本的人権を定めた国連の「子どもの権利条約（＝児童の権利に関する条約）」（1989年）では18歳未満のすべての者をいうとされているが，一方で，各国の法律でその例外も認めている。

　冒頭で述べたように児童のもつ基本的人権には，一人の権利主体として大人の場合と同様に，生命権や自由権，そして生存権などが保障

されなければならないことは当然であるが，一方で，児童にはまたそれ以外の児童だけに固有の権利が認められなければならないものもある。児童に固有の権利としては，児童が人格の形成期にあるという特性から，大きくは次の2点のものがある。

　その第一は「成長・発達の権利」とされるものである。児童が成育に適切な安心，安全な環境を与えられ，遊びもふくめた幅広い「学習の権利」が保障されることは，児童期が人間形成の基礎期としてとり返しのできない時期であることからも当然のこととされなければならないことである。

　第二は，成長・発達のための基礎となる「家庭による養育を受ける権利」である。児童の成育にとって家庭が必要なのは，成長発達期においては，親またはそれに代わる大人によるアタッチメント（情緒的きずな，愛着形成）がその後の人間としての成長に不可欠だからであり，数人程度という家族の人数規模が児童の成長環境として最適だからである。そのために児童福祉の課題としては，家庭的な養育環境が不十分な児童にはそれに代わる里親や施設養護などの保障が必要となってくる。しかし，第2章でみるように，生命権，生存権，発達権などの児童の基本的人権といわれるものが国際的に確立されてくるのはようやく20世紀に入ってからであり，今日でもわが国での貧困児童や発展途上国の児童の現状をみればまだ十分なものではないことは明らかである。

　わが国の児童・家庭福祉全体の問題としても，図表1　1のように近年の少子化の進行により家族人数も減り，地域にもいっしょに遊ぶ仲間がいないなど，家庭や地域で自然なままに放っておいても子どもが健全に育つ基盤は急速に失われつつある。第3節でもみるように，少子化と「豊かな社会」の裏の「格差」の進行を背景に6人に1人と

いわれる貧困児童や，近年のわが国では児童に対する家庭での虐待，学校での児童間のいじめ，不登校（引きこもり），非行，自殺，少年犯罪などの児童問題が噴出している。近年のわが国では，家族規模の縮小や核家族化，児童を除く家族全員が外で就労していることなどにより，家庭の子育て機能そのものが急速に弱体化している。わが国の子育てをめぐる状況は，児童の健全育成を家庭の私的責任として任せきりにしたり，従来からの地縁的・血縁的な相互扶助機能にゆだねているだけではもはや対処できない段階になっている。

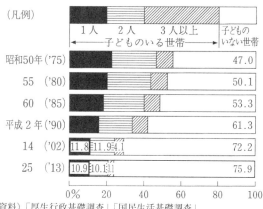

図表1－1　子どものいる世帯割合の推移

資料）「厚生行政基礎調査」「国民生活基礎調査」
出所）厚生労働省「グラフでみる世帯の状況」（2014年）p.14より作成

わが国おける家庭（家族）の変容については，合計特殊出生率が2005年度に1.26にまで低下し，2013年の出生児数約100万人はまえがきでのべたように1880年代の数値となっている。その結果，21世紀半ばには人口が2割程度減少すると予測されている。また，近年では離婚率の増加も問題になっている。図表1－2にみるように，出生率の低さ，離婚率の高さが他の先進諸国と共通した大きな家族問題の背景となっている。

図表1－2　人口動態総覧（率）の国際比較

国　名	出生率 （出生千対）		死亡率 （出生千対）		乳児死亡率 （出生千対）		婚姻率 （人口千対）		離婚率		合計特殊 出　生　率	
日　　　　本	2014)	*8.0	'14)	*10.1	'14)	*2.1	'14)	*5.1	'14)	*1.77	'14)	*1.42
韓　　　　国	'14)	*8.6	'14)	*5.3		…	'14)	6.0	'14)	2.3	'14)	*1.21
シンガポール	'13)	10.3	'13)	4.9	'13)	2.4	'13)	6.8	'13)	1.86	'13)	1.19
ア　メ　リ　カ	'13)	12.4	'13)	8.2	'13)	6.0	'12)	6.8	'12)	3.4	'13)	1.86
フ　ラ　ン　ス	'13)	*12.2	'13)	*8.8	'13)	3.3	'12)	3.8	'12)	1.97	'13)	1.99
ド　　イ　　ツ	'13)	8.5	'13)	11.1	'12)	3.3	'12)	4.7	'12)	2.19	'13)	1.40
イ　タ　リ　ア	'13)	*8.5	'13)	*10.0	'12)	*3.2	'12)	*3.5	'11)	0.91	'13)	1.39
スウェーデン	'13)	11.8	'13)	9.4	'12)	2.6	'12)	5.3	'12)	2.46	'13)	1.89
イ　ギ　リ　ス	'13)	*12.2	'13)	*9.0	'12)	4.1	'11)	*4.5	'11)	2.05	'13)	1.83

注）＊印は暫定値である。
資料）（1）UN, Demographic Yearbook
　　　（2）U.S.Department of Health and Human Services, National Vital Statistics Reports
　　　（3）Eurostat, Poulation and Social Conditions
　　　（4）韓国統計庁資料
出所）厚生労働省「人口動態調査」2014年6月より作成

　教育や育児に関して，その責任を全面的に家庭にだけおわすのではなく，地域での意図的，社会的な子育て支援のシステムをつくることが児童・家庭福祉の課題とされなければならないのである。

(2)　児童福祉と家庭の役割

　最初に児童の自然な成育環境としての家庭の機能と児童の発達にとって家庭の役割はどういう意味があるのかを整理しておこう。

　家族とは，古代中国では，同居（集合性），同財（共産性），同餐（どうさん）（共食性）の三種の性質を有する近親者からなる集団を意味していたとされている。それは一般には，日常生活を共にしている夫婦，親子などの親族などを意味していたと考えられるが，今日の家族社会学では，それらの親族のみならず，その家で暮らすその他の事実上の成員もふくみ，必ずしも同居とは限らない集団と考えられている。

　家庭機能（役割）に求められるものは，国家や民族，文化や宗教，

自然環境等々により，また，時代の変化により異なるものである。わが国でも，戦前の「イエ」制度の影響を強く受けていた時代と，現在の少子・高齢化の時代ではその役割は大きく異なっている。

現代のわが国の多くをしめる，夫婦とその子からだけで構成される核家族の機能（役割）は，今日ではさらに単純化されつつある。アメリカの社会学者のT.パーソンズによれば，最終的に残るその機能は，「家族成員のパーソナリティー・情緒の安定」と「子どもの社会化（socialization）」の2点であるとされている。ここでいわれている社会化とは，「子どもがその所属する社会の生活様式，行動様式を学習し，その社会の正規の成員にしたてられていく過程」と一般に理解されている。簡単にいえば，子どもが教育を受けて，その国や社会で恥ずかしくない一員に成長していく過程を意味するものと考えてよいであろう。この社会化の一部が，乳幼児期に親が子に意図的に基本的生活習慣や行動の善悪を教えるいわゆる「しつけ」である。子どもにとって家庭の意味は，まず第一にこの社会化過程にあることはいうまでもない。

児童にとって家庭の果たす第二の役割は，いうまでもなく児童の生活（生存）そのものを保障することである。ほとんど無力で生まれてくる子どもにとって，家庭は文字通り生存保障のすべての鍵であり，その庇護がなければ一日たりとも生きていくことは不可能なことである。

しかし，児童の生活基盤としての家庭の弱体化や崩壊が，現在さまざまな国家や社会生活の諸場面で問題にされている。不幸にして家庭が与えられなかった児童に対しては，それに代わる家庭や家庭的養育の場が保障されなければならない。そのことは第2章でとりあげている国際連合の「子どもの権利条約」のなかでも最も重要な子どもの権

利として条文にくりかえし出てくるところである。

　ところで，わが国では長い間，親のその子どもに対する教育権，身上監護権，懲戒権，居所指定権などの民法の第4章で定められている「親権」が絶対視される傾向が強かった。たしかに親権は親の有する子育ての自然権として尊重されなければならないものであるが，その権利は本来子どもの福祉を実現するために保護者に付与されていると考えられるべきものである。親の子に対する「絶対的扶養義務」が扶養関係として強調されることが，逆に親の子への無制限な権利行使を容認するものであってはならず，第7章でも述べるように，虐待などの場合にはその権利が制限されたり，親権の停止や喪失もありえなければならない。

第2節　児童・家庭福祉の機能とソーシャルワーク

⑴　児童・家庭福祉の機能とその仕事の特徴

　児童福祉の定義は「すべての児童が所有すると考えられる基本的人権の法的，社会的な保障」とまとめられることは先に述べた通りである。そうした保障のために児童・家庭福祉に携わる職員の仕事は，「すべての児童や家庭に生きる希望を与え，よりよく生きる勇気の基礎を培うこと」という積極的な意義を有することと考えたい。また，その機能（役割）については，図表1－3のように大きくまとめることができる。児童福祉の仕事は，保育士などの児童福祉施設職員の労働を考えればわかるように，児童の人格（生活）を支えるだけでなく，直接的にその人格を育てる役割を促すものである。

　児童・家庭福祉はこの2つの大きな機能を，児童と家庭の自立の助長と自己実現（well-being）への支援として，利用者自身の自己決定

図表1－3　児童・家庭福祉の基本的役割（機能）

自己実現＝自立の助長　　　人格（生活）を支える機能
（自己決定）　　　　　　　　人格を育てる機能

権を尊重し，エンパワーメント（生きる力）を強めるかたちで統一的に行うところに大きな意義と特徴があるものである。そのことが比較的単純に「生活を支える」側面に限定されがちな社会保障機能や，「人格を育てる」側面に限定されがちな教育機能などと大きく異なる点である。

　こうした児童・家庭福祉の基本的機能は，その仕事にたずさわる者の役割を考えた時に大きな意味を与える。児童・家庭福祉の仕事の特徴は，利用者の権利保障にかかわって，その利用機会の保障も重要であるが，さらにより重要なことは，その内容としてどのような質のものが与えられるかということである。いわばサービスの入り口までの問題ではなく，出口までの全体としてサービスの実施過程の質がどのようなものであったのかとしてその権利の内実が考えられなければならないということを意味している。児童・家庭福祉の仕事は，利用対象が発達途上にある児童であるという特性にふまえ，その関わり方や内容に細心の注意が必要なことであり，結果として「生きる希望を与え，より良く生きる勇気の基礎を培ったのか」が，職員（保育士等）に厳しく問われるのである。

(2)　児童・家庭福祉とソーシャルワーカー
　社会福祉を職業として行うものを一般にソーシャルワーカー（social worker）とよんでいる。ソーシャルワーカーとは，「生活上のなんら

かの困難を抱える個人または家族などに対して，社会的（制度的）な間接援助や個別的な直接援助などを社会の諸資源を動員して，問題の解決または緩和をはかる専門職」とみなされているものである。

　児童・家庭福祉は本節の冒頭で述べたように社会福祉の一分野であり，その仕事内容も児童の生活や発達課題に結びついた直接的な支援や，家庭への幅広い相談，助言，支援活動をその内容とするものであるので，その職員はソーシャルワーカーの一員とみなされて良いものである（詳しくは，第5章参照）。

　ソーシャルワーカーの仕事が何を目的や理念とすべきかを明らかにしているものは，2014年7月に国際ソーシャルワーカー連盟（IFSW）の国際会議で承認された次の定義である。

　「ソーシャルワークは，社会変革と社会開発，社会的結束，および人々のエンパワメントと解放を促進する，実践に基づいた専門職であり学問である。社会正義，人権，集団的責任，および多様性尊重の諸原理は，ソーシャルワークの中核をなす。ソーシャルワークの理論，社会科学，人文学，および地域・民族固有の知を基盤として，ソーシャルワークは，生活課題に取り組みウェルビーイングを高めるよう，人々やさまざまな構造に働きかける」

　ここでは，ソーシャルワーカーの役割は社会変革と個人のエンパワーメントを高めることであり，環境と個人の間に介入し，生活課題の解決をはかるように働きかけることがその具体的な仕事内容であるとされている。そのために，ソーシャルワーカーの基本原理とすべきことは「人権と社会正義」とされている。つまり，ソーシャルワーカーとは広く，積極的に「福祉社会」，「民主主義国家」の実現を目指す人ということである。

　しかし，こうしたあまりにもグローバルな定義では，児童・家庭福

祉分野にかかわる「ソーシャルワーク」の具体的なイメージと結び付けにくいとも思われる。筆者は第5章で詳述するが、その定義は「何らかの生活課題（経済的，対人的，心身障がい等）を抱えた個人または家族に対して，利用者主権を前提に，ワーカーが社会の諸資源（人，モノ，情報，制度等）を利用またはネットワークをつくることで，その課題の解決や改善をめざして計画的に働きかけて自立の促進をはかること」と考えている。もちろん，ここでのワーカーは，保育所や地域子育て支援センター，児童養護施設等に勤務する保育士やその他の一般の職員を想定している。児童・家庭福祉分野では，日常的な仕事としてそうした活動はすでに広く行われており，むしろそのことを正当に広く「ソーシャルワーク」と考えたいのである。

第3節　児童や家庭をとりまく福祉の諸問題
　　　　　―ソーシャルワークを必要とする背景―

(1)　保育施設や小学校等での特別な支援を要する児童・家庭の増加

　近年，保育現場や学校では，生活面や精神面で支援が必要とされる家庭や軽度の発達障害，虐待が疑われる児童などが増加している。図表1－4は保育所におけるその一例であるが，多くの保育所や幼稚園等の保育現場ではこうした状況が近年急速に広がり，保育に困難さが

図表1－4　公・私立保育所での特別な支援を要する児童や家庭の割合

| a，生活面・精神面などで支援の必要な家庭あり＝61.5％，平均3.2ケース |
| b，障害児保育の実施率＝74.8％　（公営だけでは83.6％），平均2.4人 |
| 　＊障害児保育の加算対象外のいわゆるボーダーライン上の子どもがいる率は84.3％ |
| c，保育所で虐待の疑い家庭あり＝28.7％，平均1.7ケース |

出所）全国保育協議会編『全国保育実態調査報告書　2011』平成24年9月より作成

増大している。児童福祉施設はことわるまでもなく，保護者と「連携・協力」してその養護や保育・教育を行うことが前提であるので，近年ではその根幹が揺らぐ事態になっているのである。

　図表1－4に関して補足して少し述べるならば，ａの「生活面・精神面などで支援の必要な家庭あり」の具体的な例では，精神的疾患等により子育てに困難をかかえる保護者の増加の問題をあげられる。わが国のうつ病（気分障害を含む）患者数は1999（平成11）年に97万5千人が，2011（平成23）年度では170万8千人（厚生労働省『患者統計』23年度）と急増し，うつ病だけではなくさまざまな精神的，情緒的な課題を抱えている保護者が増加し，そのかかわり方が難しくなっているのが近年の保育現場である。

　また，ｂに関しては，狭義の「障害児」保育（該当児童が療育手帳等を所有し，保育士の特別な加配が付く保育）だけではなく，明確な「障害児」ではないが「気になる子」の増加に多くの保育所等が悩まされている。第8章で詳述するが，従来の医療的ケアも必要な「障害児」概念とは異なる，いわゆる「軽度発達障がい児」（＝自閉症スペクトラム児や注意欠陥／多動性障がい児，学習障がい児など）を中心としたいわゆる「気になる子」が保育施設では増加しているのである。その現状は，すでに公立保育所では在籍児童の1割を超えているとする報告もあり（全国保育協議会編『公立保育所の強みを活かした「アクション実践事例集」』2015年6月，p.6参照），そうした乳幼児への対応を一部の療育専門機関に任せておける状態でもはやなくなっている。こうした割合は第5章で詳述するように，小・中学校などでの普通学級に在籍する児童の割合にほぼ符牒（ふちょう）しており，地域の最も身近な施設である保育所，普通学級等での個別対応を基本にした専門性の高い「ソーシャルワーク」実践が強く求められているのである。

図表 1 － 4 の c に関しては，児童相談所の児童虐待対応件数が，「児童虐待防止法」の制定以前の平成 11 年度に 11,631 件であったものが，平成 26 年度では 88,931 件と増加し，連日のように報道される悲惨な虐待事件が後を絶たないことも良く知られている通りである。虐待も，後述する児童の貧困問題も家庭の外部からは見えにくいものであるだけに，地域の身近な児童福祉施設，とりわけ保育所等にはその適切な見極めや支援が求められている。

　こうした「気になる子」や「心配な家庭・保護者」の問題とは性格がやや異なるが，近年における小・中学校等での問題行動の増加も大きな社会問題となっている。その状況は図表 1 － 5 の通りであるが，校内暴力，いじめ，不登校等々が大きな社会問題としてメディアに取り上げられる例も増えている。

図表 1 － 5　小学校での「問題行動」の発生件数

① 小学校での暴力行為件数＝ 10,896 件（前年度比，約 2,600 件増加）
② 小学校でのいじめ件数＝ 118,805 件（前年度比，1,421 件増）
③ 小学生の不登校件数＝ 24,175 件（前年度比，2,932 人増加）

出所）文部科学省「平成 25 年度　児童生徒の問題行動等生徒指導上の諸問題に関する調査」

　こうした「問題行動」がなぜ増加しているのかの理由については，背景要因として貧困家庭の増大，家庭のしつけの不十分性，学校の教育内容の加重や教師の指導力不足等々が指摘されているが，特定できるものではない。いずれにせよ暴力行為件数は，この間の少子化にもかかわらず，2013 年度では 10 年前の 8 倍にもなっており，不登校の児童も過去最高数を記録していることなど，現代社会での児童問題は深刻な状況である。

図表1-6 子どもの相対的貧困率の年次推移

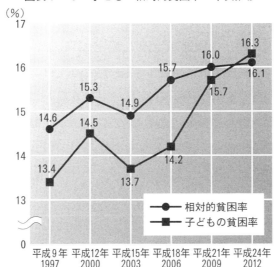

注）子どもの貧困率（17歳以下児童の貧困率）
　　相対的貧困率（全年齢層の貧困率）
資料）厚生労働省「平成25年　国民生活基礎調査の概況」
出所）こども未来財団『目でみる児童福祉（2015年版）』p.43を一部修正

(2) 貧困児童の増加と児童・家庭福祉の役割

　2014年7月の厚生労働省の「国民生活基礎調査」では、図表1-6のように、わが国の子どもの相対的貧困率（等価可処分所得の中央値の半分に満たない世帯員の割合で、わが国ではおおむね1人世帯で122万円、2人世帯で172万円、4人世帯で244万円以下世帯）が2012年段階で16.3％に達し、子どものほぼ6人に1人、実数では約330万人もの子どもたちが大変な経済的な生活状況の下で暮らしていることが明らかにされている。とくにわが国では、母子家庭等のひとり親世帯では54.6％と過半数がそうした状況にあることが知られている。

　こうした貧困率は、先進諸国の中でも最悪グループの水準であり（平成23年度「全国母子世帯等調査」）、そうした背景には、子どもの養育は保護者の私的責任であると考える人が多いわが国の国民性も影響

していると考えられる。

　こうした状況を受け，政府は2013年6月に「子どもの貧困対策の推進に関する法律」を制定し，2014年1月から施行した。また，その具体化のために「子どもの貧困対策に関する大綱」を策定し，①教育支援，②生活支援，③保護者に対する就労支援，④経済的支援などの施策を国と地方公共団体の連携のもとに進めることを明らかにしている。

　しかしながら，こうした施策効果が出てくるのには時間がかかるものであり，子ども期の貧困は本人のみならず，さらにその子どもや孫にまで影響する世代間の連鎖も心配される。現代社会での保育所には，「虐待」等の早期発見・早期支援の機能のみならず，適切な就労支援や保護者支援などにより社会的な格差・不平等の解消にも役立つことが期待されているのである。

第2章

児童・家庭福祉の歴史

第1節　児童・家庭福祉の成立と発展

(1) イギリスにおける児童・家庭福祉の歩み
《古代，中世の慈善・救済活動》
　社会全体の生産力のきわめて低い古代奴隷制社会における生活困窮者に対する救済施策がどのようなものであったかは，あまり明らかではない。ポリス（都市国家）内部でのそれは，血縁，地縁による相互救済がほとんどすべてであり，原始キリスト教などによる宗教的慈善活動が例外的に行われていた社会であったと思われる。
　古代ギリシアなどでは，生まれた時に，長老が立ち会い子どもの体を調べ，身体に障がいがあって生まれた子どもなどは，捨てられたり殺されたりすることが広く行われていたようである。生産力の低い社会にあって，障がいのある子どもを社会全体で扶養する余裕はなかったからである。
　中世に入り，荘園を基盤とする封建的農奴制社会が成立すると，農民の「生存」は，荘園内での苛酷な労務の代償として荘園領主によって一応認められるようになった。また，自給自足的な村落共同体としての相互扶助活動も活発化した。しかし，そこからはじきだされた者は，処罰を覚悟して乞食，浮浪者となるしかなく，当時，教会が各地に設けていた収容施設（アームズハウス）で救助をうけられた者は幸

運であった。中世にあって教会は確立された布教組織をもち，教区民からは収入の十分の一税をとり，慈善活動（カリタス）を，神に対する愛の証として重視していたのである。

中世末期になり，商品経済が発達するにつれ，商工業者によるギルドが経済利益組織のワクを超えて，ギルド内の成員，家族に対し相互扶助機能を発揮する場合も増加した。

14世紀なかばからのペストの流行，15世紀からの農民を土地から追い出す「囲いこみ運動」などの進展により農民の失業，浮浪化がすすみ，大きな社会不安を引き起こした。絶対王政はこれを厳しく取り締まったが，あまり実効は上がらなかった。封建社会解体期には，キリスト教慈善も宗教改革の影響をうけてむしろ衰退していった。

《救貧法の成立と発展》

16世紀に入り，増大した乞食や浮浪者は，各地で大きな暴動を引き起こすまでになった。そのため貧民を取り締まる必要にせまられたヘンリーⅧ世は，1531年乞食取締令を発し，乞食を労働不能な者と可能な者に分け，前者に対しては乞食許可証を発行し，後者に対しては鞭打ち（むちう）の刑などを科し出身地に強制送還するなどを行った。これは，貧民を救済するのではなく，犯罪者視し，治安対象と考え抑圧していくという救貧法（poor law）の先駆けとなるものであった。

1601年，エリザベスⅠ世により「エリザベス救貧法」（旧救貧法：Old poor law）が制定され，世界で最初の国家的救貧制度が形成された。エリザベス救貧制度は貧民を，①労働可能なもの，②労働不能なもの，③身寄りのない児童，に分け，労働可能なものには材料や道具をあたえて労働させ，不能者は救貧院に収容して生活扶助を行い，児童は親方に預けられ働くかわりに食べさせてもらうという徒弟奉公（とていほうこう）にだすという内容であった。

図表2-1　イギリスの社会福祉の歩み

年　次	事　　　　項
1601年	エリザベス救貧法
1602年	居住地法（定住促進）
1697年	労役場設置
1722年	ワークハウス・テスト法（労役場テスト法）
1782年	ギルバート法（院外救助）
1795年	スピーナムランド制（低賃金補助）
1802年	工場法制定
1816年	ロバート・オーウェン，人格形成学院の創設
1834年	新救貧法の制定（改正救貧法）
1869年	ロンドン慈善組織協会設立
1870年	初等教育法
1884年	トインビーホール創立
1886年	C.ブース，ロンドン民衆の生活と労働に関する調査を開始
1905年	救貧法調査のための王命委員会
1908年	老齢年金法制定
1909年	最低賃金法，職業紹介所法の制定
1911年	国民保険法制定
1920年	失業保険法制定
1942年	ベバリッジ報告「ゆりかごから墓場まで」

　救貧制度はその後，図表2-1のように幾多の改正をみたが，その基本的性格は，貧民を労働力としては重視するものの，危険視または惰民視し，これを管理しむしろとりしまるべき対象と考えていたことはその後300年近くにわたりあまり変わらなかった。

　産業革命が18世紀後半から進展するなかで，経済における自由放任主義は，救貧法にも大きな影響をあたえた。とりわけ，T．H．マルサスの『人口論』は，救貧法による貧民救済は結局惰民を増やすだけだと強い批判を行うものであった。その結果，1834年，救貧法は「救貧を受ける者の状態がいかなる場合でも独立して働いている最下層の労働者よりも快適であってはならない」とする劣等処遇の原則にもとづき全面的に改正された。改正救貧法（New poor law）は，ギル

バート法以来の救貧院の外での救助を否定し，国家による救済をできうる限り小さくしようとするものであった。救済の責任は折から力をつけてきた労働者階級の相互援助活動と自助努力にゆだねられたのである。

一方，19世紀に入り，労働者階級による社会主義運動や，社会改良運動が活発化するなかで，慈善運動にも大きな変化が生じた。各地の無秩序，無組織な慈善活動を反省して，計画的，組織的活動をめざし，T. チャルマーズらによって慈善組織協会がロンドンにつくられ，やがてそれはイギリス全土やアメリカにも伝わり，COS運動（Charity Organization Society）として定着していった。

19世紀後半にはB. S. ラウントリーやC. ブースらの貧困調査によって，労働者階級の貧困の原因が，個人の怠惰のゆえではなく，失業や低賃金，過労による病気といった資本主義制度の構造的欠陥に起因するものであることが統計科学的に明らかにされ，社会的対応の必要性が示唆された。

多くの学生や教員たちがスラム街に住込んで，その地域住民や児童の教化，地域改善に従事するセツルメント活動がさかんに行われるようになったのもこの頃からのことである。T. J. バーナードのように個人で施設を経営するものも増加した。

図表2－2　労働者のライフサイクルと貧困線

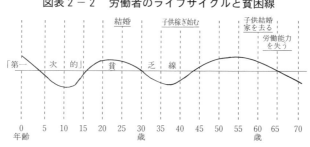

注）「第一次的」貧乏線以下は最低生活が維持できない水準である。
出所）B.S. ラウントリイ著（長沼弘毅訳）『最低生活研究』高山書院，1943年，p.165

《現代社会福祉事業の成立と発展》

　20世紀に入り，選挙権を獲得した労働者階級は，政党による合法的活動によって社会改良的施策を実現していった。1908年には無拠出老齢年金法，1909年には最低賃金法，1911年には，健康保険や失業保険を内容とする国民保険法を成立させ，長い間つづいた劣等処遇の原則に終止符を打った。それは，救貧法の時代に終わりをつげ，「夜警国家」から「福祉国家」への転換を意味するものでもあった。

　しかし，1920年代末のアメリカに端を発した世界大恐慌の嵐は，社会保険を破綻させ，イギリス国民に大きな不安をあたえ，包括的な社会保障の必要性を強く感じさせることになった。また同時に，社会保障の充実は，国民を間もなく始まる第二次世界大戦に国民を総動員するためにも必要な措置であった。

　1942年，W.H.ベバリッジを長とする「ベバリッジ報告」が「ゆりかごから墓場まで」を理念に提出された。それは均一拠出，均一給付の原則の下で，国民の最低生活を権利として保障しようとする「ナショナルミニマム」の概念を有するものであった。そこには，社会が解決すべき課題として「5つの巨人」（貧困，疾病，不潔，失業，無知）があげられていた。イギリスはそれらに対処するための諸法を1948年頃までに相次いで成立させ，福祉国家づくりのスタートをきったのである。

　第二次世界大戦後，西欧諸国では社会主義への選択に代えて，質の高い「福祉国家」づくりを国家政策としその充実を図ってきた。1968年には対人福祉サービスとコミュニティ・ケア（地域福祉）を重視する「シーボーム報告」が出され，ノーマライゼーションの理念のもとで，施設の小規模化と解体がすすめられている。特定の人，とりわけ児童を家庭や社会から排除しない福祉社会づくりが今日の大きな課題である。

(2) わが国の児童・家庭福祉の歩み

《古代・中世の慈善・救済事業》

　古代，中世の，まだ一般に生産力の低い社会においては，親族による相互救済と，地縁関係による相互扶助が救済活動のほとんどすべてであったのは，わが国でもイギリスの場合と同様である。古代の律令国家による救済保護事業は，養老戸令に身寄りのない老人や病人，孤児を対象に賑恤（しんじゅつ）の規定がなされているが，それがどのような規模で，また本当になされたのかは不明である。

　593年，聖徳太子によって設立されたと伝えられる四天王寺四箇院の活動が，わが国最古の救済事業の例としてよく知られているが，古代，中世で宗教を背景にした慈善救済活動が，国家に代わってさかんに行われたことは，西欧の場合と同様である。わが国の場合のそれは，仏教慈善家とよばれる人々によってであり，僧行基や空海，重源，叡尊，忍性，親鸞などのように，歴史上著名な仏教家は，慈善活動家としてもよく知られている。

　中世，室町時代，戦国時代の北条泰時，武田信玄，上杉謙信らの封建領主たちの，それぞれの所領内における農民の民生安定策には今日的にも評価すべきものがあるが，それも一代限りの個人的治績で終わるものであった。また，この頃，フランシスコ・ザビエル，ルイ・アルメーダといったキリスト教宣教師たちによって，病院や孤児施設などが各地に建設されていることも忘れてはならない。

　江戸時代，農民の相互監視と貢納負担を目的としてつくられた五人組制度は，隣保相扶（りんぽそうふ）（相互扶助）の組織としても大きな力を発揮した。

　徳川光圀，保科正之，池田光政，上杉治憲，松平定信といった各地のいわゆる「名君」による慈恵的救済策にも，封建性維持のためという範囲ではあったが，地域の実態に応じた特色ある救済策がみられる。

近世までの社会にあって，農民の「保護」が年貢を上納させるための手段ではあっても，目的ではなかったことはいうまでもない。

《近代社会事業の成立と発展》

明治維新以降，わが国は急速に近代資本主義国家への道を歩むことになった。没落士族や貧困農民に対する救済は，従前からの親族相扶や隣保相扶にまかせられ，国家はひたすら「富国強兵」策に力をそそいだ。近代国家としての体面からわずかに制定したのは，1874（明治7）年の「恤救（じゅっきゅう）規則」であった。同規則は全文5カ条の簡単なものであるが，救済は「人民相互の情誼（じょうぎ）」（人々の間での思いやり，助け合い）を原則とし，その対象は「無告ノ窮民（むこく）」（身寄りのない者で，自力では全く生活できない者，孤児など）に限定した，きわめて慈恵的性格の濃いものであった。しかし，この規則はわが国における最初の保護規定として，また，それが明治期，大正期を通じての唯一の保護立法であったことからきわめて大きな意義を有するものである。

明治政府の貧民観は，貧困の理由を個人の怠惰に起因するものと考え，公費でこれを救済することは惰民を養成することにつながるとするものであった。保護救済活動は，民間のいわゆる慈善事業家といわれる人々にまかせ，政府は社会治安上の必要があった感化院（1900年）などを設置するにとどめた。

明治期の民間慈善事業家のおもな人には，石井十次（岡山孤児院），山室軍平（軍人遺家族援護），野口幽香（貧民幼稚園），石井亮一（知的障害児施設　滝乃川学園），留岡幸助（感化事業北海道家庭学校），赤沢鍾美（あつとみ）・ナカ夫妻（子守学校）らがいる。

1918（大正7）年の米騒動は，戦前わが国における最大の大衆運動であった。生活に疲れきっている国民をおさえるのに軍隊などの力だけをもって対応することに限界を感じた政府は，1920年，内務省内

に社会局を設置し,職業紹介,授産事業,失業者救済事業などの防貧的な経済保護事業にも乗りださざるをえなかった。図表2－3のように児童保護施設(託児所)などの建設が全国各地で急増し,社会事業という呼び名が一般化するのもこの頃からのことである。

昭和期に入り,アメリカに端を発した世界大恐慌は,日本経済にも壊滅的打撃をあたえた。欠食児童や娘の身売り,母子心中が相次ぎ,それらの救済にはもはや明治以来の恤救規則では対処できないことが誰の目にも明らかとなった。そのため新たな保護法の制定が,方面委員(現在の民生委員の前身)を中心に国民運動として展開された。その結果,1932(昭和7)年ようやく「救護法」は施行されることになり,1874(明治7)年以来の恤救規則体制に終止符がうたれた。しかし,救護法は扶養義務者の扶養を絶対的に優先し,貧困理由によっては救済を認めず,救護対象者には選挙権などの公民権を停止するなど,権利としての生活保障には程遠いものであった。

しかも,それもあまり実効がなく,まもなく社会事業は,戦時体制下の「人的資源」の育成を図る厚生事業へとくらがえし,「健民健兵」

図表2－3　大正時代以降,社会事業施設数推移

種別＼年次	大正6年	昭和2年	昭和5年
児童保護施設	366	1,027	1,387
経済保護施設	131	1,277	1,659
失業保護施設	37	304	399
医療保護施設	163	408	538
救護施設	159	438	564
隣保事業	5	59	115
その他	55	187	381
計	916	3,700	5,043

出所)内務省『本邦社会事業概要』1933年,p.4

づくりに奉仕していくことになるのである。

《戦後社会福祉事業の成立と発展》

第二次世界大戦の敗戦後，厚生事業は占領軍（GHQ）の指令下におかれ，その全面的改編がなされた。GHQ は 1946（昭和 21）年，敗戦後の生活困窮に対処するため，国家責任にもとづく救済の 4 原則の覚え書を発表した。それは，①困窮者の保護は無差別平等に行う，②公私社会事業の分離，③国家責任による国民生活の最低保障，④必要な保護費の無制限支出を内容としていた。

こうした国家責任にもとづく，国民の権利としての生存権保障の考え方は，1946 年に制定された日本国憲法第 25 条に「社会福祉」という語句として初めて明記され，その具体的保障のために生活保護法が制定されたのである。また，1947 年から 49 年にかけ，戦争に対する反省と子どもたち，とりわけ戦災孤児や戦争による傷病者救済の必要から，児童福祉法，身体障害者福祉法などが相次いで制定された。1947 年に制定され，1948 年 4 月から全面施行された児童福祉法は，第 1 章の総則からはじまり，第 6 章，罰則までで構成されるものである。同法はその後 70 年を経た今日でも，児童福祉サービスの根幹の法律となっている。

児童福祉法の今日的な大きな意義は 3 点ある。その第一は，第二次世界大戦の反省を踏まえて，その対象児童を戦前のような特別な保護を要する児童に限定せず，全ての児童の福祉の増進を目的としたことである。具体的には，保育対策や母子保健対策，児童館や児童遊園などの施策がそれである。

第二には，児童福祉施設の入所やサービスの実施にあたり施設運営費の公的な支給責任を国に義務付けたことである。これにより戦前までの慈恵的な児童保護事業を脱し，国民には権利としての児童福祉

サービスが供給されることになった。

第三には、施設などの施設設備や職員配置基準などを国の責任で「児童福祉施設の設備及び運営に関する基準」(以下本書では「基準」と略記)として定めたことである。「基準」は第3章でくわしくふれるが、その水準は国民生活水準の向上を考えると今日に至るまで必ずしも満足できるものではないが、全国の全ての施設にナショナルミニマムとして生存権保障の水準が示されたことの意義は大きかった。

児童福祉法は、戦後初期においては戦争孤児対策や貧困児童対策、学校教育の完全実施などが大きな課題であった。しかし、その後働く女性の増加に伴い、70年代からは保育対策の充実が、さらに、90年代以降では広く児童健全育成の視点からの少子化対策や児童虐待対策、家庭支援が大きな課題となっている。

《現代の児童・家庭福祉へ》

児童・家庭福祉に関する法整備はその後も一貫して続いている。とりわけ重要なものでは、1961年には、児童の立場からみると生別母子家庭が死別母子家庭にたいして経済的に不公平であるという批判に応えるかたちで「児童扶養手当法」が成立し、1966年には障害の重い児童を養育している家庭の福祉を増進するために「特別児童扶養手当法」が、さらには1971年には3人以上の子どもがいる多子家庭を対象に「児童手当法」が成立した、いわゆる児童手当三法である。

しかし、その後わが国では高齢者福祉対策が重視され、児童福祉は長い「停滞」の時代になり少子化が急速に進展することとなった。1985年の「男女雇用機会均等法」や1992年の「育児休業法」も家庭の「働き方の見直し」の視点からは十分な効果をあげることができなかった。

バブル経済が崩壊し、不況が深刻化した90年代中期からは外に仕

事を求める女性が急増し，それまでのわが国の家庭構造は大きく変化した。子育てを支える基盤環境の悪化は，児童虐待の増加という傾向になって現れており，その歯止めをねらい 2000 年には「児童虐待防止法」が施行され，2001 年には「配偶者暴力防止・被害者保護法」（いわゆる DV 防止法）が制定されたが，今日に至るまで虐待は減少傾向に転じていない。

1989 年の 1.57 ショックへの対応として少子化対策が国家施策として登場し，1994 年からは「エンゼルプラン」が実施され，その具体化策として「緊急保育対策等 5 か年事業」による保育所サービスの地域の子育て中の家庭全般に拡大がはかられた。さらに，2000 年からは「新エンゼルプラン」が実施されたが，少子化には歯止めがかからない状況は続いている。そのため児童育成のための家庭環境の総合的な基盤整備を目的に，2003 年 7 月に「次世代育成支援対策推進法」および「少子化社会対策基本法」が制定され，12 月には「子ども・子育て応援プラン」が出され，総合的な少子化対策，次世代育成対策が 2005 年度から実行に移された。

しかし，不況が長期化するなかで働く女性が増加して，90 年代中期からは保育所に申し込んでも入れない待機児童の問題が都市部を中心に深刻化した。そのため 2015 年 4 月からは，空きが目立つ幼稚園の活用により待機児童の解消を図り，あわせてすべての児童に質の高い「教育・保育」を提供するとした「子ども・子育て支援新制度」（本書 7 章参照）が施行された。しかし，実態は従来の保育所，幼稚園のままで運営されている地域も多く，保育制度は複雑な三元化体制になってしまったのが現状である。

第2節　世界の子どもたちの現状と子どもの権利条約

(1) 世界の子どもたちの現状

2014年版の『世界保健統計』によれば，世界の人口は約70億人強に上っている。このうち16歳未満の児童人口は約22億人と全体の約31％を占めている。これらの児童の人口のうち90％以上が発展途上国および後発発展途上国に暮らす子どもたちである。

次ページの図表2－4のユニセフの『世界子供白書』では，貧困の原因を，貧困（Poverty）と人口増加（Population growth）と環境（Environment）のそれぞれの頭文字をとって，PPE問題とし，そこからくる悪循環として説明している。その悪循環が政治的，社会的不安定さを生み，難民問題や国内の諸紛争の背景になり，加えて，逆にまたそれがさらに次の貧困の一因になっていると分析している。一国の対応で対処できる問題ではなく，国際的な経済援助や国際福祉の構築がもとめられている。

こうした絶対的貧困は子どもの生存権そのものを脅かし，その影響は児童福祉分野では深刻な課題として表れる。その一例が児童労働の問題である。ILO（国際労働機関）138号条約は15歳未満の児童労働を世界的に禁止しているが，2012年の統計では，1億6,795万人ともいわれる児童が生活のために労働しているとされている。

こうした状況を改善するために，国連ではユニセフを中心として，2000年9月にミレニアムサミットを開催し，「国連ミレニアム宣言」が採択され，途上国を中心に2015年度までに達成されるべき国際社会共通の目標が設定された。ミレニアム開発目標は，図表2－5のような8つの目標（ゴール）からなるものであった。8つの目標は，①

図表2－4　PPEの悪循環

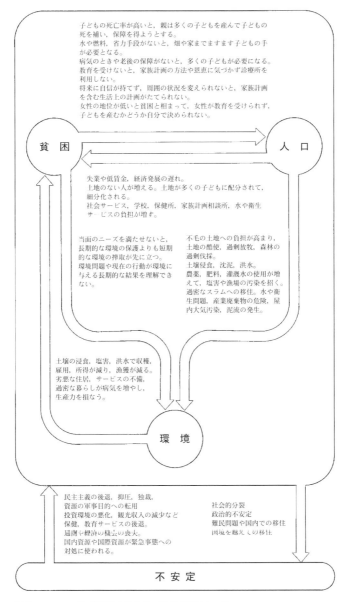

出所）ユニセフ編『世界子供白書（1995年版）』p.58

第一部　児童・家庭福祉の基本概念

図表2－5　ミレニアム開発目標

主なターゲットの一例。1990年に比較して2015年までに達成すべき目標と残された課題

目標①飢餓 ほぼ達成

低体重
1990年に比べ、低体重児（5歳未満）の割合は、2015年には約**半減**

今なお
貧しい家庭の子どもは裕福な家庭の子どもより、低体重、栄養不良になりやすい

格差は2倍

目標① 達成

貧困
貧困の中（毎日1.25米ドル以下）で暮らす人の数

1990年　19億人
2015年　8億3600万人

今なお
貧困の中で暮らす人のうち47％は18歳未満である

目標② ほぼ達成

初等教育
途上国の純就学率は2000年の83％から2015年には91％に増加
2000年 83％
↓
2015年 91％

今なお
学校に通うことができない子ども（5700万人）は、最も裕福な家庭の子よりも、最も貧しい家庭の子が多い

格差5倍

目標③ ほぼ達成

ジェンダーの平等
3分の2以上の国で、初等教育の就学率において男女の格差がなくなった

今なお
文字が読めないのは、若い男の子より、若い女の子のほうが多い

格差1.7倍

目標④

乳幼児の死亡数
1990年から、5歳未満の死亡数が53％減少

1990 － 1270万人
2015 － 600万人

今なお
5歳の誕生日を迎える前に亡くなる確率は、最も貧しい家庭の子どものほうが多い

格差1.9倍

目標⑤

妊産婦の健康
1990年に比べ、妊産婦死亡率は45％減少

今なお
最も裕福な家庭の女性のほうが、最も貧しい家庭の女性よりも、専門知識のある人のもとで出産する可能性が高い

格差3倍

目標⑥ ほぼ達成

HIV/エイズ
2000年に比べ、新規にHIVに感染する若者の数（0～14歳）は約40％減少

350万→210万

今なお
新規にHIVに感染した若者（15～19歳）のうち、3分の2は若い女性たちである

目標⑦ 達成

水と衛生
改善された水源を使うことができる人の数、衛生設備を使うことができる人の数は、1990年に比べ、大幅に改善

＋26億人

今なお
地表水を使う人の90％は、農村部に住む人たちである

原典：PROGRESS FOR CHILDREN 2015
出所）『ユニセフニュース』（2015年秋号），No. 247，pp.1-2から一部修正作成

飢餓および貧困の撲滅，②初等教育の完全普及，③ジェンダーの平等と女性の地位の向上，④乳幼児死亡率の削減，⑤妊産婦の健康の改善，⑥ HIV ／エイズ，マラリアその他の病気の蔓延の防止，⑦環境の持続可能性の確保，および図表 2 － 5 にはないが，⑧開発のためのグローバル・パートナーシップの推進である。

 2015 年 7 月にはその最終報告が出され，図表 2 － 5 のように多くの目標が達成またはほぼ達成されたが，まだほとんど改善されず，格差や不公平が目立つものも多い。国連は，こうした状況を受けて，2012 年に「持続可能な開発会議」を開催し，環境，社会，経済の 3 つの共存なくしては持続可能な開発はあり得ないとし，2015 年 7 月の会議では「ミレニアム開発目標」として 2030 年までに達成すべき新たな 17 の持続可能な開発目標（Sasutainable Development Goals）を定め，その実現に向けての新たな活動を開始している。

(2) 子どもの権利条約（児童の権利に関する条約）の成立

 児童・家庭福祉の確立の基礎となる児童の権利の独自性が，国際的に承認されるには長い時間がかかっている。一般には「児童（子ども）の権利」はフランス革命期における J.J. ルソーの「子どもの発見」にはじまるものとされている。しかし，その後長い間，資本主義の発展期においては，子ども期固有の価値の尊重が前提とされる「児童の権利」は確立しなかった。

 児童の権利の国際的な承認は，図表 2 － 6 にある 1924 年の国際連盟による「ジュネーブ宣言」が最初のものとされている。第一次世界大戦での，多くの戦争孤児や障害を負った子どもたちに対して国際連盟は反省の気持ちを込めて，全文 5 カ条のその宣言において「児童が身体上ならびに精神上正当な発達を遂げる」ことや「児童は危難に際

図表 2 − 6　児童の権利の国際的な発展

1789年　フランス人権宣言
　　　　　「人は，自由かつ権利において平等なものとして生まれ，かつ生きる」

（第一次世界大戦）

1924年　ジュネーブ宣言
　　　　　「人類は児童にたいして最善のものを与える義務を負う」と書かれた全文5カ条からなる国際連盟による最初の子どもの人権宣言。

（第二次世界大戦）

1947年　児童福祉法の制定（日本）

1948年　世界人権宣言
　　　　　世界のすべての人の尊厳と平等の権利を承認することが，自由，正義，平和の基礎であることを宣言。母と子の「特別の保護と援助を受ける権利」も書きこまれた。

1951年　児童憲章（日本）
　　　　　日本国憲法の精神にそって，「児童は，人として尊ばれる，社会の一員として重んぜられる，よい環境のなかで育てられる」とうたわれたわが国最初の子どもの権利宣言。

1959年　児童権利宣言
　　　　　「世界人権宣言」にもとづいて，国際連合が子どもの人権について特別に規定した全文10条からなる宣言。「ジュネーブ宣言」の精神がひきつがれている。

1966年　国際人権規約
　　　　　「世界人権宣言」を，「経済的，社会的及び文化的権利」と「市民的及び政治的権利」の国際規約へと発展させ，基本的人権保障への法的な拘束力をつよめた。

1979年　国際児童年
　　　　　「児童の権利宣言」がうたわれてから20年目。子どもの権利を国際的に確認しあうための新たな条約づくりがポーランドから提案された。

1989年　子どもの権利条約
　　　　　「児童の権利宣言」を実行すべき条約へと発展させた，子どもの人権に関する人類史上最初の国際的な条約。
　　　　　　（1994年　日本批准）

1990年　第1回世界子どもサミット（国連，子ども特別総会）

2000年　「国連ミレニアム宣言」採択

して最先に救済されなければならない」などとしたのである。

　児童の権利はその後，第二次世界大戦後の1948年の「世界人権宣言」，1959年の「児童権利宣言」などを経て，1989年の国際連合での「子どもの権利条約」（児童の権利に関する条約）の制定によってようやく広く国際的に承認されるにいたった。子どもの権利条約は2015年現在では，世界の196の国，地域が批准し，国連でも最大規模の国際条約となっている。

　この間，わが国でも第二次世界大戦後の1947年には「児童福祉法」を，1951年には「児童憲章」を制定することによって，児童を大人とは区別した特別な保護対象としてその権利を守ろうとする視点が強化されてきた。また1994年には，わが国もようやく「子どもの権利条約」を批准した。

　「子どもの権利条約」制定以後の国際的規模での子どもの権利の確立は，1990年にニューヨークで行われた「世界子どもサミット」（国連子ども特別総会）に，150カ国以上もの各国首脳が集まり，2000年までに，「世界の5歳未満児の中・重度の栄養不良を半減する」「基礎教育の完全普及を実現し，少なくとも80％の子どもが初等教育を終了できるようにする」などの10項目の目標の実現を誓って，各国での国内行動計画を作成したことでも大きく前進した。

　また，2000年からは，先の図表2－5でみたような「ミレニアム開発目標」をたて，その着実な実行をすすめてきたのである。

(3)　子どもの権利条約の意義と児童・家庭福祉

　児童・家庭福祉の面で，「子どもの権利条約」には2つの大きな今日的な意義がある。その第一は，児童をたんに大人の保護対象としてとらえるのではなく，児童を一人の権利主体として，さまざまな市民

的権利＝自由権，参加権などを認め，児童による自己決定権の可能な限りの尊重を求めている点である。

また第二には，児童の第一義的な育成責任は父母にあるとし，それによる養育を可能な限り保障するために，父母への経済的援助も含めた社会的な支援を締約国に求めている点である。児童を一人の権利主体として認めたとしても，言うまでもなく，児童は自分の親や生まれてくる国を選べない存在であり，児童の権利の保障とは，一般にはその父母などの保護者の生活する国や社会などの児童の養育基盤が問題とされなければならないものだからである。このことは，今日，とりわけ発展途上国の児童には大きな重みをもつことである。

「子どもの権利条約」をみると，児童の家庭による養育を受ける権利についてふれている条文は数多い。おもなものでも以下のようなものがある（条約内容については，本書末の参考資料参照のこと）。

第 5 条「親の指導の尊重」
第 9 条「親からの分離禁止と分離のための手続き」
第10条「家族再会のための出入国」
第18条「親の第一次的養育責任と国の援助」
第19条「親による虐待・放任・搾取からの保護」
第20条「家庭環境を奪われた子どもの養護」
第21条「養子縁組」
第25条「医療施設等に措置された子どもの定期的審査」
第27条「生活水準への権利」

これらの条文は，従来のわが国に多くみられた，子に対する「親権」の一方的な優位を認めるものではなく，むしろ親が子の最善の利益を保障しなければならない福祉的な義務を明らかにしたものであり，親の子に対する第一次的な養育責任を強調したものとして理解される。

これらの条文を通じて，各国には，父母等が養育責任を果たしやすいようにするための養育基盤整備の役割が強く期待されている。さらに，親が一時的または恒久的に養育責任を果たせない家庭に対しては，国に第二次的な養育責任を求め，里親や養子縁組または子どもに適した施設養護などの方法をとることなどが規定されている。

　子どもの権利条約は，たんなる宣言ではなく，国際条約であることから各国ではそれぞれの国での法規範に準じた効力を有しているものである。また，数年ごとに行われる国連によるモニタリング（観察・査察）の指摘に対して実施内容のレポート（報告）を返すことが締約国に義務づけられ，その実効性を高める工夫がなされている。

　子どもの権利条約の内容をみると，第一部には大きくは，①児童の人間として，市民の一人としての一般的権利（参加の権利），②児童であることでの教育や家庭を与えられる固有の権利（生存と発達の権利），③特に困難な状況におかれた児童への特別保護の権利（保護を受ける権利）などが定められている。子どもの権利条約の理念の尊重が世界に求められる。

第3章

児童・家庭福祉のサービス体系

第1節　児童・家庭福祉サービスの類型とその利用

(1) 児童・家庭福祉サービスの類型

　児童・家庭福祉サービスの機能を「すべての児童とその家庭への社会的な支援の体系、自己実現を支援する過程である」と考えるならば、そのサービスを必要とする内容には、大きくは経済（金銭）的な支援と、対人（人格）的な支援とがある。第一の経済的な支援は、国による社会保障分野の施策が中心となるが、図表3－1にある児童手当、児童扶養手当、特別児童扶養手当が主なもので、それぞれの要件に該当する家庭に対して、現金給付の形態をとるものである。

　児童手当については、国や地方自治体以外にも企業などの雇用主にも費用の負担が一定の割合で求められているが、児童扶養手当および特別児童扶養手当は国と都道府県、市町村の負担により支給されているものである。いずれの手当も保護者の収入によっては支給されない場合がある。現金給付にはその他にも健康保険制度による出産育児一時金や出産手当金、幼稚園の就園奨励費などがある。また、母子家庭等へは、必要に応じ母子父子寡婦福祉貸付金制度により修学資金や生活資金などの低利子の貸付や、生活保護制度における母子加算（2015年度、1級地子ども1人の場合、月額約22,790円）制度なども行われている。

図表 3 − 1　児童手当などの概要（2013 年度）

	児童手当	児童扶養手当	特別児童扶養手当
目的	児童を養育している者に児童手当を支給することにより，家庭における生活の安定に寄与するとともに，次代の社会をになう児童の健やかな育成及び資質の向上に資する	父と生計を同じくしていない児童が育成される家庭の生活の安定と自立の促進に寄与するため，当該児童について児童扶養手当を支給し，もって児童の福祉の増進を図る	精神または身体に障害を有する児童について特別児童扶養手当を支給することにより，これらの者の福祉の増進を図る
支給対象者	中学校修了までの国内に住所を有する児童	父母の離婚等により父と生計を同じくしない児童（18 歳に達する日以後の最初の 3 月 31 日までの間にある者または 20 歳未満で一定の障害の状態にある者）を監護養育している母等	障害児（20 歳未満であって，精神または身体に政令で定める程度の障害の状態にある者）を家庭で監護養育している父母等
手当額 (年度の月額)	0〜3 歳未満　一律 15,000 円 3 歳〜小学校修了まで 　第 1 子　第 2 子 10,000 円 　(第 3 子以降 15,000 円) 中学生　一律 10,000 円 所得制限以上　一律 5,000 円 　(当分の間の特例給付)	児童 1 人の場合 　　　　42,000 円 児童 2 人の場合 　　　　47,000 円 3 人以上児童 1 人の加算額　3,000 円	1 級　　49,500 円 2 級　　39,600 円
所得制限	960 万円（夫婦と子ども 2 人世帯所得ベース）	受給者の前年の年収 130 万円未満（2 人世帯） (130 万円以上 365 万円未満の場合は，41,990 円〜9,910 円まで 10 円きざみ)	
受給保護者数	約 927 万人	1,058,663 人 （支給理由別内訳人数） 　離婚　　848,539 人 　死別　　　7,340 人 　未婚の母子　96,954 人 　父障害　　5,191 人 　遺棄　　　2,494 人 　その他（父子家庭，DV 世帯等）96,387 人	21,447 万人

資料）厚生労働省調べ
出所）厚生労働統計協会編『国民の福祉の動向（2015/2016）』p.99, 111, 145 等から作成

第二の対人的な支援は，保護者などに金銭が支給されるのではなく，医療機関での医療看護サービスや児童福祉施設でのサービス，在宅家庭の子育て支援サービスなどのように現物給付という形態をとることが特徴である。

　児童福祉施設や在宅の子育て支援サービスはサービス利用にあたり保護者負担を軽減する目的で，国や都道府県，市町村のそれぞれの一定の割合での負担によりサービスが実施されている。医療機関の給付には児童福祉法で未熟児への養育医療，障がいのある児童への育成医療，結核児童への療育の給付などが都道府県，指定都市などを実施主体として規定されている。いずれも医療保険による自己負担分について，その一部または全部を減額する事業である。

　対人的な児童福祉サービスをさらに細かく，その利用の場の違いで「施設福祉サービス」と「在宅福祉サービス」とに分けて説明することもよく行われている。さらに今日では，図表3－2のように両者を統一して「地域福祉サービス」ととらえることも一般化している。

　「施設福祉サービス」には，児童養護施設（次節及び第7章参照）のように家庭に代わり24時間の生活を保障する入所施設（生活施設）と，保育所や障がいのある児童のための昼間の一定時間の保護・養育・専門療育などを行う通所施設とに大別できる。ただし在宅福祉サービスを主として利用する児童の場合でも，保護者が一時的な病気や家庭の都合によっては短期間の入所施設サービスを受ける場合もあり，この2つの区分はあくまである時期だけをとらえた便宜的なものである。

　児童福祉法の第6条－2項には，児童居宅介護等事業，児童デイサービス事業，児童短期入所事業，障害児相談支援事業などがあげられており，高齢者福祉サービスに準じ，児童福祉分野でも在宅福祉サービスの充実が課題となっている。

図表3-2　児童・家庭福祉サービスの類型

また，図表3-2の内容の理解には，今日の児童問題の複雑化や広がりに対応して，児童・家庭福祉を狭義の福祉領域だけで考えるのではなく，学校教育機関，医療機関，母子保健機関，家庭裁判所などの司法機関，青少年労働機関等々も含めた，幅広い地域の児童にかかわる公的な専門機関や施設を含めた「地域福祉」サービス概念が求められている。

(2) 児童・家庭福祉の専門機関

児童・家庭福祉にかかわる専門機関は上述のように教育や医療，司法，労働など幅広いが，児童福祉法に規定された主なものだけに限定しても図表3-3のようなものがある。以下，図表3-3にもとづき福祉事務所，保健所，児童相談所の概要についてだけ簡単にみておきたい。

《福祉事務所》

福祉事務所は，社会福祉法第14条の規定にもとづき，都道府県および市部にはかならずおかなければならないものとして，また町村には任意におくことができるとされるものである。図表3-3にあるように2014年4月時点でその設置数は，市町村が1,039カ所，都道府県の郡部におかれて，管轄下の町村の福祉事務を行う郡部都道府県事務所が208カ所の総計1,247カ所となっている。本来，福祉事務所は福祉六法にかかわる仕事全般を扱う機関なので，地域にもよるがその業務の中心は生活保護になっているところが多い。

図表 3 − 3 　児童・家庭福祉の実施体制と専門機関

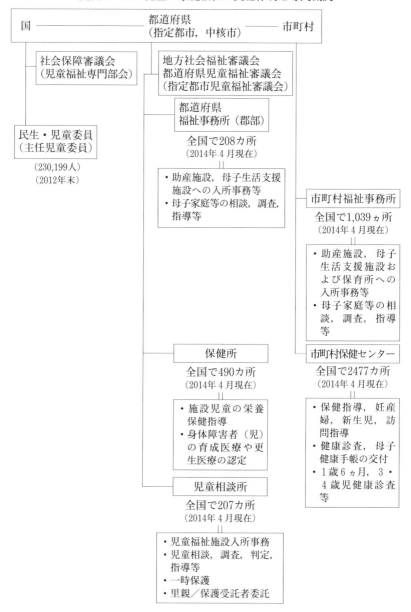

出所）厚生労働統計協会編『国民の福祉と介護の動向（2015/2016）』
　　　こども未来財団編『目で見る児童福祉（2015年版）』などから作成

児童・家庭福祉に関しては，児童と妊産婦の福祉に関し,「必要な実情の把握につとめること，その相談に応じ，必要な調査を行うとともに個別的または集団的に必要な指導を行うことまたこれらに付随した業務を行うこと」とされている。

　具体的には，福祉事務所長は，①助産施設や母子生活支援施設への入所の措置や保育の実施を必要とする児童について，都道府県知事，市町村長に，報告，通知し，必要な利用の手続き事務をすすめること，②児童福祉施設入所や里親委託など児童相談所が判定，措置すべき児童相談所に送致すること，③児童やその保護者を福祉事務所の知的障害者福祉司や社会福祉主事に指導させること，などが業務とされている。

　近年では児童の健全育成の推進のために多くの福祉事務所は家庭児

図表3－4　児童福祉事務所における児童福祉関係処理件数の推移

年度	処理件数（件）
昭和29（1954）年度	244,215
35（60）	338,755
40（65）	474,609
45（70）	726,400
50（75）	1,075,164
55（80）	1,048,326
60（85）	983,939
平成2（90）	999,520
7（95）	1,025,468
12（2000）	549,497
17（05）	564,825
22（10）	551,450
23（11）	565,787
24（12）	555,888

注）昭和29年～55年度は月分報告の年度累計。60年以降は年度分報告。
　　平成22年度は，東日本大震災の影響により，福島県（郡山市およびいわき市以外）を除く。
資料）厚生労働省大臣官房統計情報部「社会福祉行政業務報告」
出所）『日本子ども資料年鑑　2014』中央出版，p.206を一部修正

童相談室を設置しており，その相談指導件数も図表3－4のように55万件以上にのぼっている。家庭児童相談室には社会福祉主事だけではなく，家庭相談員が配置されてその相談に応じているが，近年その相談内容には虐待問題などの深刻なケースも増加しており，職員の専門性の一層の向上やその担当者数の増員が求められている。

《保健所と市町村保健センター》

保健所は「地域保健法」の第5条の規定にもとづき，都道府県および政令市，中核市など，全国に490カ所（2014年4月）人口30万について1カ所を標準に設置されているものである。児童福祉については母子保健法との関連が強く，母子保健や身体的障がいや知的障がい，精神的障がいのある児童や家庭の指導・援助などの大きな役割を担っている専門機関である。

児童福祉に関する業務の主なものは，「母子保健法」の規定に基づく業務が主で，保健師や助産師，看護師などを中心に，市町村への連絡調整・指導・助言に加えて，①児童や妊産婦の保健について正しい知識の普及，②未熟児に対する訪問指導や養育医療，③障害や病気などの児童への療育指導や療養指導，④児童福祉施設の栄養改善指導や衛生に関しての助言・指導などがある。

また，「地域保健法」第18条の規定にもとづき，今日多くの市町村で設置されているものが，市町村保健センター（全国2,477カ所，2015年4月）である。市町村の保健センターは住民の健康相談，保健指導，健康診査その地域保健に関する業務を広く行う機関であるが，母子保健法に規定される母子健康センター業務を兼ねている場合が多い。

具体的な児童福祉や母子保健に関しての業務は，①妊産婦，乳幼児に対する保健指導や訪問指導，②妊産婦健康診査や母子健康手帳の交付，③1歳6カ月児，3歳児健康審査などの乳幼児健康審査などが主

なものである。市町村にはこうした業務，とりわけ健康診査事業に協力する者として，母子保健推進員などの専門的なボランティア組織を活用しているところもある。

　保健所や市町村の保健センターにかかわっては，2001年から2010年度までの期間で実施された「健やか親子21」の計画がある。少子化対策も目的とした母子保健の総合計画であるが，胎児期から思春期までの児童と母性の保健にかかわり4点の大きな課題をあげ，妊産婦死亡率や乳幼児の事故死や虐待死の低減，小児医療の充実，思春期以降の人工妊娠中絶，自殺予防など多岐にわたるものであった。2015年4月からは，「健やか親子21（第2次）」の10年計画がスタートし，着実な前進が期待されている。

《児童相談所》

　児童相談所は児童福祉法第12条において，「都道府県は，児童相談所を設置しなければならない」とされ，各都道府県や指定都市に2014年4月で全国207カ所設置されている。人口50万につき1カ所設置が標準とされ，ひとつの都道府県に複数設置されている場合にはそのうちの1カ所を中央児童相談所としている。その役割は，児童に関する家庭からのさまざまな相談に応じ，医学的，心理学的，教育学的，社会学的および精神保健上の専門的な角度から調査，診断，判定を行い，必要な指導や一時保護等を行う都道府県や政令市などが設置する児童福祉の専門機関である。

　児童相談所への相談件数は1980年代には約30万件程度であったが，近年大幅に上昇し，図表3－5のように2013年度では約40万件に上っている。相談内容は大きくは，養護相談，非行相談，障害相談，育成相談，保健相談その他の5つに区分されている。このうち最も多いのが障害相談である。近年大きな問題となっている虐待などの養護

図表3－5　児童相談所における相談内容別受付件数の推移

	総数	養護相談	非行相談	障害相談	育成相談	保健相談その他の相談
実数						
平成12 ('00)	362,655	53,867	17,211	189,843	68,324	33,410
13 ('01)	382,016	62,560	16,897	202,199	67,568	32,792
18 ('06)	381,757	78,863	17,166	194,871	61,061	29,796
25 ('13)	391,997	127,252	17,020	172,945	51,520	23,260

注）平成25年の養護相談127,252件のなかには73,802件の虐待相談をふくむ。
出所）各年度，厚生労働省「福祉行政報告例」より作成

相談も数年前に比較すると，その絶対数，割合ともに激増傾向にある（虐待問題と児童相談所の業務については第7章で詳しく述べている）。

児童相談所の相談援助活動の流れは多岐にわたっているので複雑であるが，大きくは図表3－6のような体系にまとめられる。受理，調査，診断，判定，処遇がその大きな流れであるが，そのうちの処遇内容については，相談された2013年度の約40万件を分類すると，①面接による助言指導，②心理治療，カウンセリングなどの継続指導，③児童やその保護者に対する訓戒，誓約措置，④児童福祉司，社会福祉主事，知的障害者福祉司，児童委員による指導措置，⑤児童福祉施設

図表3－6　児童相談所における相談援助活動の体系

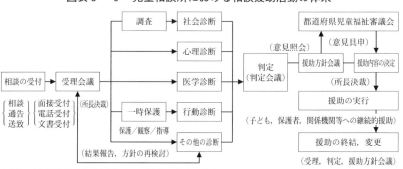

出所）厚生労働統計協会編『国民の福祉と介護の動向（2015/2016）』p.240を修正

への入所措置，⑥里親などへの委託措置などに分けられる。これらの処遇の8割以上の33万件は，①の面接による助言指導で，児童福祉施設への入所措置は3％程度である。

また児童相談所の処遇の決定過程では，ケース内容を判断し，必要に応じて，⑦福祉事務所や家庭裁判所への送致，通知，請求，⑧一時保護なども幅広く行われている。

これらのうちの施設入所措置は，児童相談所での医学，心理，社会的な行動判定や家庭状況調査などを総合して，児童本人または家庭に重大な問題があり在宅での指導が困難と判定された児童を対象に，都道府県知事の権限で入所や利用の可否が決められるものである。具体的には，児童福祉法の第7条に規定される施設のうち，乳児院，児童養護施設，障害児入所施設や児童発達支援センター，情緒障害児短期治療施設，児童自立支援施設などの対象となる児童を児童相談所がとりあつかうものである。

児童相談所の決定は，児童や家庭にとっては一生あるいは当面の生活に決定的といえるような影響を及ぼすことが多いものである。そのためにその決定には慎重な専門的な判断が求められるものであるが，同時に今日では虐待通報などに対してできるだけ迅速に対応することも求められている。児童相談所には，人口5万人～8万人に1人とされている児童福祉司をはじめとして，児童心理司，医師（精神科または小児科），その他のケースワーカーなどが置かれているが，虐待が急増している現状ではその質，量ともに十分ではなく改善が強く関係者から要望されている。

第7章でも述べるが，児童相談所は，時には保護者や児童の意に反する指導や措置を行わなければならない場合も多く，相談機能と指導機能の分離，司法との連携下での業務の遂行なども重要課題である。

第2節　児童福祉施設とその利用

(1) 児童福祉施設の区分と利用児童数

　社会福祉の諸法律にもとづき，必要とされる人に対してさまざまな専門サービスを提供しているものが社会福祉施設である。老人福祉施設や障害者関係施設，生活保護施設，母子福祉施設や児童福祉施設など 2013 年では全国に約 6 万カ所近いものがあり，利用者の数も 290 万人近くに達している。これらの施設の中でも最も数が多いのが児童福祉施設である。児童福祉施設は児童福祉法の第 7 条に規定されたものを中心に，今日では図表 3 － 7 のように，約 34,000 カ所にのぼっており，その利用児童数も 225 万人を越えている。

　児童福祉施設を区分すると，①その利用時間や利用形態により，昼間の一定時間だけの「通所施設」と，② 24 時間型の生活のための「入所施設」とに大別したり，その専門機能により，「家庭代替的施設」，「専門訓練施設」，「地域支援施設」などとに分類することもある。

　また，その利用方式により，①誰にでも自由に利用できる「利用施設」と，②利用にあたっては特別な要件を必要とし，都道府県知事などの許可が必要な「措置施設」，③政令基準や市町村などの利用基準にかなった児童（保護者）が市町村や施設と契約して利用する「（利用）契約施設」とに分けて考えることもできる。

　このうち，①の利用施設は図表 3 － 7 では児童館，児童遊園，児童家庭支援センターであり，②の都道府県知事による措置施設は，乳児院，児童養護施設，障害児入所施設，児童発達支援センター，情緒障害児短期治療施設，児童自立支援施設であり，③の契約施設は助産施設，母子生活支援施設，保育所，幼保連携型認定こども園である。

図表3－7　児童福祉施設の概況

平成25（13）年10月1日

施設の種類	入(通)所利用別	施設の目的と対象者	施設数	定員（人）	在所者数（人）	従事者数（人）
児童福祉施設			33,938	2,381,444	2,255,424	550,111
助産施設（児福法36条）	入所	保健上必要があるにもかかわらず、経済的理由により、入院助産を受けることができない妊産婦を入所させて、助産を受けさせる	403	3,179	…	…
乳児院（児福法37条）	入所	乳児（保健上、安定した生活環境の確保その他の理由により特に必要のある場合には、幼児を含む）を入院させて、これを養育し、あわせて退院した者について相談その他の援助を行う	131	3,857	3,137	4,462
母子生活支援施設（児福法38条）	入所	配偶者のない女子又はこれに準ずる事情にある女子及びその者の監護すべき児童を入所させて、これらの者を保護するとともに、これらの者の自立の促進のためにその生活を支援し、あわせて退所した者について相談その他の援助を行う	248	5,010	9,367	2,049
保育所（児福法39条）	通所	保育を必要とする乳児・幼児を日々保護者の下から通わせて保育を行う	24,076	2,290,932	2,185,166	476,450
（再掲）幼保連携型認定こども園	通所	〃	510	36,216	33,777	8,723
（再掲）保育所型認定こども園			139	14,703	14,348	3,029
児童養護施設（児福法41条）	入所	保護者のない児童（乳児を除く。ただし、安定した生活環境の確保その他の理由により特に必要のある場合には、乳児を含む）、虐待されている児童その他環境上養護を要する児童を入所させて、これを養護し、あわせて退所した者に対する相談その他の自立のための援助を行う	590	33,852	27,549	15,920
障害児入所施設（児福法42条）	入所	障害児を入所させて、保護、日常生活の指導、独立自活に必要な知識技能の付与及び治療を行う	452	27,900	17,404	23,182
（再掲）福祉型	入所	〃	263	10,640	8,053	6,467
（再掲）医療型			189	17,267	9,351	16,715
児童発達支援センター（児福法43条）	通所	障害児を日々保護者の下から通わせて、日常生活における基本的動作の指導、独立自活に必要な知識技能の付与又は集団生活への適応のための訓練及び治療を提供する	462	16,117	19,374	7,839
（再掲）福祉型	通所	〃	335	12,080	16,594	6,054
（再掲）医療型			107	4,037	2,780	1,785
情緒障害児短期治療施設（児福法43条の2）	入所通所	軽度の情緒障害を有する児童を、短期間、入所させ又は保護者の下から通わせて、その情緒障害を治し、あわせて退所した者について相談その他の援助を行う	38	1,734	1,275	960
児童自立支援施設（児福法44条）	入所通所	不良行為をなし、又はなすおそれのある児童及び家庭環境その他の環境上の理由により生活指導等を要する児童を入所させ、又は保護者の下から通わせて、個々の児童の状況に応じて必要な指導を行い、その自立を支援し、あわせて退所した者について相談その他の援助を行う	59	3,866	1,519	1,769
児童家庭支援センター（児福法44条の2）	利用	地域の児童の福祉に関する各般の問題につき、児童に関する家庭その他からの相談のうち、専門的な知識及び技術を必要とするものに応じ、必要な助言を行うとともに、市町村の求めに応じ、技術的助言その他必要な援助を行うほか、保護を要する児童又はその保護者に対する指導及び児童相談所等との連携・連絡調整等を総合的に行う	96	・	・	294
児童館（小型児童館）（児童センター）（大型児童館A型）（大型児童館B型）（大型児童館C型）（その他の児童館）	利用	屋内に集会室、遊戯室、図書室等必要な設備を設け、児童に健全な遊びを与えて、その健康を増進し、又は情操を豊かにする	4,598	-	-	17,185
児童遊園	利用	屋外に広場、ブランコ等必要な設備を設け、児童に健全な遊びを与えて、その健康を増進し、又は情操を豊かにする	2,765	-	-	-

注）平成27年4月1日からは、幼保連携型認定こども園は、児童福祉法第7条に規定される児童福祉施設の一種になった。
資料）厚生労働省「社会福祉施設等調査報告」
出所）厚生労働統計協会編『国民の福祉と介護の動向（2015/2016）』p.296から作成

第一部　児童・家庭福祉の基本概念

児童福祉施設のその他の区分では，利用する児童の障害や抱えている問題に対応して，①障害のある児童のための施設，②情緒や行動に問題のある児童のための施設，③家庭環境に問題がある児童のための施設といった分類をする場合も多い。

　また，社会福祉法の第2条では，社会福祉事業を第一種社会福祉事業と第二種社会福祉事業とに区分し，入所施設（とりわけ措置施設）は，第一種社会福祉事業に，通所施設の多くは第二種社会福祉事業に分類されている。

　第一種社会福祉事業に分類される施設の多くは長時間，長期にわたり，入所者の生活全般にかかわることが多く，その人権への配慮も強く求められることから，設置者は，都道府県や市町村などの公共団体や社会福祉法人に限定されている。第二種社会福祉事業に分類される施設の設置者には制限がないが，従来は実際上は社会福祉法人に限定されている場合が多かった。しかし，規制緩和の流れのなかで，2000年頃からは株式会社など設置運営主体の多様化がすすんでいるのが現状である。

(2) 施設サービスの利用体系と費用負担

　児童福祉施設の利用システムは施設類型により異なっている。利用方式によってその体系を区分すると図表3－8のようなものになる（③の利用契約施設の保育所については，第6章で再掲し詳述する）。

　これらの施設体系のうち，利用希望者が直接施設に申し込み，そのサービスを自由に受けられるのは，現時点では利用施設に限られている。措置施設も契約施設も受け付け窓口は施設で行う場合もあるが，実際の利用の可否をきめるのは都道府県や市町村である。それらの施設では利用許可の権限は施設長にはなく，都道府県知事や市町村長の

図表 3 − 8 施設類型とその利用システム

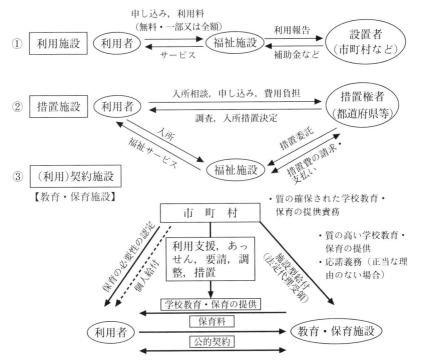

※ 児童福祉法第24条において，保育所における保育は市町村が実施することとされていることから，私立保育所における保育の費用については，施設型給付ではなく，現行制度と同様に，市町村が施設に対して，保育に要する費用を委託費として支払う。
　この場合の契約は，市町村と利用者の間の契約となり，利用児童の選考や保育料の徴収は市町村が行うこととなる。
※ 子ども・子育て支援給付に，多様な保育事業を行う事業者を対象とした地域型保育給付も含まれるが，上記の整理は，地域型保育給付にも共通するものである。

権限とされている。それは公費で運営されている施設の公平性を担保するために行われてきたためであるが，その反面，施設の自主的運営を損なうことになり，何よりも利用者が施設を選べないという意味で利用者主権にも反するという批判もある。

　保育所等の施設利用にあたっては，児童福祉法第56条の規定にもとづきその負担すべき費用の全部または一部が負担能力に応じて免除されることになっている。また，保育所等については「家計に与える

影響を考慮して保育の実施に係る児童の年齢等に応じて定める額を徴収できる」とされている。その実際の額は，保育所等では均一料金ではなく利用時間や年齢，保護者の住民税額に応じて図表3－9のように8段階に区分されている。保護者の所得によって利用料が異なることが児童福祉施設の特徴である。

実際の保育料は国基準よりも減額している市町村が多いが，保護者から集められた保育料の総額は保育サービスの実施にかかる市町村費用の半額程度になっているところも多い。いずれにしても所得水準が比較的低いと推測される乳幼児をかかえる保護者の年齢層にとっては，その負担は大変なものであり少子化対策の視点からも見直しが求めら

図表3－9　2015年度特定教育・保育施設等の利用者負担（月額）徴収金基準額表（国基準）

教育標準時間認定の子供（1号認定）

階層区分	利用者負担
①生活保護世帯	0円
②市町村民税 非課税世帯 （所得割非課税世帯含む）	3,000円
③市町村民税 所得割課税額 77,100円以下	16,100円
④市町村民税 所得割課税額 211,200円以下	20,500円
⑤市町村民税 所得割課税額 211,201円以上	25,700円

※　小学校3年以下の範囲において，最年長の子供から順に2人目は上記の半額，3人目以降については0円とする。
※　ただし，給付単価を限度とする。
※　なお，平成26年度の保育料等の額が市町村が定める利用者負担額よりも低い私立幼稚園・認定こども園については，現在の水準を基に各施設で定める額とすることも認める（経過措置）。

保育認定の子供

階層区分	（2号認定：満3歳以上）利用者負担		（3号認定：満3歳未満）利用者負担	
	保育標準時間	保育短時間	保育標準時間	保育短時間
①生活保護世帯	0円	0円	0円	0円
②市町村民税 非課税世帯	6,000円	6,000円	9,000円	9,000円
③所得割課税額 48,600円未満	16,500円	16,300円	19,500円	19,300円
④所得割課税額 97,000円未満	27,000円	26,600円	30,000円	29,600円
⑤所得割課税額 169,000円未満	41,500円	40,900円	44,500円	43,900円
⑥所得割課税額 301,000円未満	58,000円	57,100円	61,000円	60,100円
⑦所得割課税額 397,000円未満	77,000円	75,800円	80,000円	78,800円
⑧所得割課税額 397,000円以上	101,000円	99,400円	104,000円	102,400円

※　満3歳に到達した日の属する年度中の2号認定の利用者負担額は，3号認定の額を適用する。
※　小学校就学前の範囲において，特定教育・保育施設等を同時に利用する最年長の子供から順に2人目は上記の半額，3人目以降については0円とする。
※　ただし，給付単価を限度とする。

○　また，ひとり親世帯等，在宅障害児（者）のいる世帯，その他の世帯（生活保護法に定める要保護者等特に困窮していると市町村の長が認めた世帯）の子供については，第2階層は0円，第3階層は上記額より1,000円減とする。

出所）厚生労働統計協会編『国民の福祉と介護の動向（2015/2016）』p.92

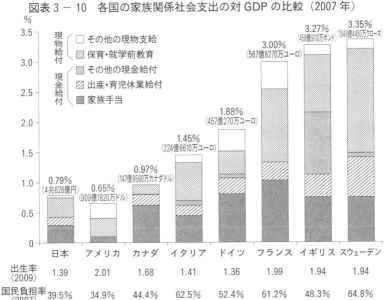

図表3－10　各国の家族関係社会支出の対GDPの比較（2007年）

資料）家族関係社会支出：OECD Social Expenditure（Version: October 2010）2010.11.9取得データ
　　　合計特殊出生率：各国政府の統計機関
　　　国民負担率：財務省「OECD諸国の国民負担率（対国民所得比）」
出所）内閣府『少子化社会対策白書　平成27年版』p.26他から作成

れている。

　なお，わが国の児童・家庭福祉関係のGDPに占める給付費の割合をみると，2007年度で図表3－10のように，総額で4兆628億円となっている。しかし，GDP割合は，0.79％にすぎずスウェーデン等と比較するとかなり低くなっている。わが国の現状は，少子・高齢化社会対策が高齢者対策にかなり偏っているのが現状であり，見直しが必要であるがその財源の確保に苦慮しているのが現実である。

(3)　「児童福祉施設の設備及び運営に関する基準」とサービスの質の確保

児童福祉施設での生活が人間的でかつ快適なものでなければならな

いことは，日本国憲法の第 25 条を持ち出すまでもないことである。そのため，児童福祉法の制定によりさまざまな児童福祉施設の設置が決められると同時に，そこでの施設設備の基準や職員基準，運営のサービス基準などを定めた「児童福祉施設最低基準」が 1948 年に省令として制定された。

「児童福祉施設最低基準」は，厚生労働大臣に，「児童の身体的，精神的および社会的な発達のために必要な生活水準を確保する」ことを目的として最低基準を定めなければならないこととし，児童福祉施設の設置者等には「その基準の遵守と水準の向上に努めること」が求められた。施設を利用する児童に憲法が保障する生存権を具体化した意義が大きかったことは第 2 章で述べた通りである。その後最低基準は 2011（平成 23）年には「児童福祉施設の設備及び運営に関する基準」とあらためられ，職員の数や広さなどを除き，都道府県が条例で定めるものとなった。

「児童福祉施設の設備及び運営に関する基準」（以下，「基準」）は第 1 章を総則として，第 2 章から 11 章までで，児童福祉法に規定された各児童福祉施設の設備や職員，児童処遇の内容などの運営の基本を定めているものである。

「基準」に定められた主な施設の設備，居室等の広さ，職員などについての概要は図表 3 － 11 の通りである。しかし，児童養護施設などの入所施設の多くが，今でも一居室の定員が 4 人以下といった居住水準や少ない職員配置基準など，今日の一般の生活水準との比較では問題も多く，その改善が急務の制度課題となっている。

一方，こうした「基準」を満たした施設の運営を保障するために国および都道府県，市町村などから一定割合で，児童の在籍人数に応じて設置者に支給される費用を措置費（私立保育所では運営費）と呼ん

図表 3 － 11　児童福祉施設の設備及び運営に関する基準（抜粋）

施設種別	設備	居室等の基準	職員の職種	職員の配置基準
助産施設	病院として必要な設備		病院として必要な職員	
乳児院	寝室，観察室，病室，ほふく室，調理室，浴室，便所	寝室，観察室は，それぞれ乳児×2.47㎡以上	医師または嘱託医（小児科診療に相当の経験を有する），看護師（保育士または児童指導員に代えることができる），栄養士，調理員，心理療法担当職員，家庭支援専門相談員	乳児1.6人に1人以上の看護師
母子生活支援施設	母子室，集会や学習を行う室，調理場，浴室，便所	1世帯1室以上の母子室で1人×3.3㎡以上	母子支援員，嘱託医，少年を指導する職員，調理員，心理療法担当職員	
保育所	乳児室又はほふく室，医務室，調理室，便所（保育室又は遊戯室，屋外遊戯場，調理室，便所）…満2歳以上	乳児室1人×1.65㎡以上，保育室1人×1.98㎡以上	保育士，嘱託医，調理員	0歳児　3：1 1～2歳児　6：1 3歳児　15：1 4～5歳児　30：1
児童厚生施設	広場，遊具，便所（屋外型）集会室，遊戯室，図書室，便所（屋内型）		児童の遊びを指導する者	屋内型では最低2人以上
児童養護施設（地域小規模児童養護施設）	居室，調理室，浴室，便所	1居室の定員は4人以下，1人×4.95㎡以上	児童指導員，嘱託医，保育士，栄養士，調理員，心理療法担当職員，家庭支援専門相談員	児童指導員及び保育士は，満3歳未満児2人につき1人，満3歳以上の幼児4人につき1人，少年5.5人に1人以上
福祉型障害児入所施設	居室，調理室，便所，静養室	1室の定員4人以下　1人4.95㎡以上	児童指導員，嘱託医，保育士，栄養士，調理員，児童発達支援管理責任者	児童の数を4.3で除した数以上
医療型障害児入所施設	医療法に規定する入院としての必要な設備，訓練室，浴室		理学療法士又は作業療法士，病院として必要な職員，児童発達支援管理責任者	児童の数を6.7で除した数以上
福祉型児童発達支援センター	指導訓練室，遊戯室，医務室，相談室，調理室，便所	1人2.47㎡以上	児童指導員，保育士，機能訓練担当職員，栄養士，児童発達支援管理責任者	
医療型児童発達支援センター	医療法の診療所としての設備，指導訓練室，相談室，調理室，屋外訓練場		児童指導員，保育士，看護師，理学療法士又は作業療法士，児童発達支援管理責任者	
情緒障害児短期治療施設	居室，医務室，静養室，遊戯室，観察室，心理検査室，相談室，工作室，調理室，浴室，便所	1居室の定員は4人以下，1人×4.95㎡以上	医師，心理療法担当職員，児童指導員，保育士，看護師，栄養士，調理員，職業指導員	心理療法担当職員は児童10人に1人以上，児童指導員及び保育士は児童5人に1人以上
児童自立支援施設	（児童養護施設に同じ），学科指導に必要な設備は学校教育法の規定を準用	（児童養護施設に同じ）	児童自立支援専門員，児童生活支援員，嘱託医，精神科診療経験嘱託医，栄養士，調理員	児童自立支援専門員，児童生活支援員は，児童5人に1人以上

注）福祉型障害児入所施設，同医療型入所施設，福祉型児童発達支援センター，同医療型児童発達支援センターには児童の障がいの別により細かなさらに別の基準もある。
出所）厚生労働省「児童福祉施設の設備及び運営に関する基準」から抜粋作成

でいる。措置費の構造は図表 3 － 12 のようなものであり、その費用の多くは、人件費を中心にした事務費であり、今日では、施設によっては人件費割合が、措置費の 80％，90％といったところもある。児

図表3-12 措置（運営）費の構造

童福祉施設はその活動で利益をあげることが認められていないものであり，文字通り措置費だけが多くの施設にとっては頼りである。措置費の支給水準が低すぎる場合には必要なサービスを提供できず，そのサービスの質も保てない構造になる。

　近年，本書の第7章でもふれるが，施設に対して，利用者でも事業者でもない専門的な立場の第三者が訪問調査することでその質の向上を目指す第三者評価の動きが始まっている。そのことも利用者主権の立場からは意味があるが，その場合であっても「児童福祉施設の設備及び運営に関する基準」がベースにあり，それが守られていることを前提とし，その上を目指すものと考えたい。

　一般の人々の生活水準の向上に対応し，「児童福祉施設の設備及び運営に関する基準」の見直し，向上が不断に急がれなければならないことと思われる。

第4章

児童・家庭福祉の専門職員と援助技術

第1節　児童・家庭福祉の専門職員とその要件

(1) 児童福祉施設と専門機関の主な職員

　児童・家庭福祉にかかわる児童福祉施設や専門機関の業務内容等については前章で簡単にふれた。そこで働く主な有給の職員を簡単にまとめたものが図表4－1である。児童福祉施設だけでも今日では専任職員は43万人を越している。実際にはさらにこの表以外にも，施設の必要性に応じて，調理員や栄養士，看護師や保健師，助産師，医師，理学療法士や作業療法士，言語訓練士，職能訓練士などがおかれており，その他必要な事務員や用務員などの職種もある。また，近年では

図表4－1　児童福祉施設と専門機関の主な職員

施設・機関		職　種
児童福祉施設		児童指導員，児童の遊びを指導する者，児童発達支援管理責任者，母子支援員，少年を指導する職員，心理療法担当職員，児童自立支援専門員，家庭支援専門相談員，児童生活支援員，保育士，看護師，施設長，など
専門機関	児童相談所（一時保護所を含む）	所長，児童福祉司，児童心理司，児童指導員，医師，保健師，保育士など
	福祉事務所（婦人保護所を含む）	所長，社会福祉主事，身体障害者福祉司，知的障害者福祉司，家庭相談員，母子自立支援員，婦人相談員，家庭児童福祉主事，婦人相談所の相談指導員，一時保護担当職員など
	保健所（市町村保健センターを含む）	施設長，医師，助産師，保健師，看護師，精神衛生相談員，管理栄養士など

在宅での福祉サービスと施設をつなぐ役割をになうホームヘルパーやファミリーサポートセンターの提供会員，地域の子育て支援のための相談員なども増えている。児童福祉が児童・家庭福祉にその概念を広げるにつれ，児童福祉にかかわる専門職員の範囲も広がりつつあるのが現在である。

(2) 児童福祉施設職員の要件

児童福祉施設で働く職員に求められる要件（職員としての基本的な条件）には，一般的な資質要件と専門職種にかかわる資格要件とがある。一般的な資質要件については，「児童福祉施設の設備及び運営に関する基準」の第7条は，「健全な心身を有し，豊かな人間性と倫理観を備え児童福祉事業に熱意のある者であって，できる限り児童福祉事業の理論および実際について訓練を受けた者でなければならない」としている。ここでは特別な学歴や体系的な知識，技術が条件になっているわけではない。しかし，あらためて述べるまでもないが，第1章でもふれたように，児童福祉の仕事が児童の自己決定権の尊重，自己実現を支援し，児童の人格と生活とを同時的に支える役割を担う職種であることを考えるならば，求められる職員の資質にはまず何よりも深い専門性に裏づけされた暖かい人間性が必要である。

専門職種にかかわる資格要件については，厳密な国家資格としてのものと，就職をする時に求められ，その職種にある時だけに有効な任用資格とに分けて考えることができる。国家資格については，医師や看護師，作業療法士などの医療専門職などを除けば，保育士資格，社会福祉士や介護福祉士，精神保健福祉士などが主なものである。保育士の資格取得には都道府県の実施する試験の受験による方法と，厚生労働大臣によって指定された養成施設，短期大学，大学などで所定の

科目を修めてその学校等を卒業する方法がある。

　任用資格では、福祉事務所で働く社会福祉主事が最も一般的なものである。社会福祉主事は社会福祉法の第19条において、「年齢20年以上の者であって、人格が高潔で、思慮が円熟し、社会福祉の増進に熱意がある者」を基本要件に、大学などで、社会福祉に関する特定の科目を修めて卒業した者となっている。しかし、その特定の科目とは社会学、心理学、教育学など最低3科目だけでもよいことになっており、その職種について求められる高い専門性の確保という視点からは疑問が残る。

　同様な問題点は児童福祉司や家庭相談員などの児童福祉専門機関で働く職員のための資格や、「児童福祉施設の設備及び運営に関する基準」で定められた児童福祉施設で働く児童指導員、母子支援員、児童の遊びを指導する職員などの任用資格についても指摘でき、児童福祉関係の職種の資格について厳密な資格要件がないに等しいような現状は問題とされなければならないであろう。

　児童福祉施設での処遇（サービス）は、それが児童の生活そのものであるということからやり直しがきかないものであり、あくまで児童本位でなければならないものである。しかも施設での生活は一般に長期間にわたって続くものであり、短期的なやり直しもできる実験室ではない。施設職員には一般的な仕事への責任感や知識・技術が求められるのは当然のこととして、さらに高い倫理観や専門性の向上心が不断に求められている。

第2節　児童・家庭福祉の専門援助技術

(1)　ソーシャルワークの体系とその役割

　児童福祉分野でのソーシャルワーク（支援）はその対象（サービス利用者）が児童であるという特性から，その家庭との連携・協力を前提に，家庭機能の補充や代替，充実・促進などの役割を全面的または部分的に担うものである。

　しかし，児童の問題の難しさは，児童本人自身が問題を自覚しているということは少なく，児童に関係する保育士や学校の教師などが何らかの問題や異変を感じ，それによりはじめて問題提起されることが多いという特徴がある。このことが本人自身に「問題」の自覚があることを前提としてカウンセリング的な働きかけが有効な成人の場合と大きく異なる点である。そのため，その問題の解決には児童自身よりも児童にかかわる大人への働きかけや児童をとりまく環境の改善を必要とするソーシャルワーク的な働きかけが必要となるのである。

　一般には，児童自身では環境を変えることはできないので，周囲の人々の児童へのかかわり方や態度の改善が児童福祉での援助技術には求められている。詳細は第5章で述べるが，児童の場合と大人の場合とのそうしたかかわり方の違いを理解した上で，その体系を図示すると図表4－2のように，心理臨床的な側面を多く含む直接的な援助技術の体系と社会的な間接援助技術の体系とに区分できる。

　主な援助技術であるケースワークとグループワーク，コミュニティワークについては次頁以降で説明するが，援助者としてのソーシャルワーカーの児童やその家族へのかかわり方とその結果としての役割には，社会的には，①教育・治療的役割，②相談・助言的役割，③権利

代弁・擁護的役割，④調整・ネットワーキング的役割，⑤仲介・調停的役割などが期待されるものである。

このうち，①の教育・治療的な役割とは，ワーカー等が，児童が生きる上でその成長に必要な諸能力を獲得させることを目標としたもので，「障がい」等がある場合には必要な療育等を行うことで自立を促進する機能を果たすことを意味するものである。②の相談・助言的役割とは，文字通りワーカーが児童やその保護者からの相談等に応じて，必要な支援や関連機関とにつなぐような機能である。③の権利代弁・擁護的役割とは，例えば，児童養護施設の児童等が進学をしたいと考えていても経済的に不可能だとあきらめてしまう場合などに，ワーカーがそれを可能にする方法などを提示して，児童の基本的人権の代弁やそれを守る機能である。④の調整・ネットワーキング的役割とは，

図表 4 − 2 　援助技術の体系

```
                         ┌─ カウンセリング
              ┌ ケースワーク ┤  ケアマネジメント
              │          │  リハビリテーション
直接援助技術 ─┤          │  レクリエーション  ├ 関連援助技術
              │          │  コンサルテーション
              └ グループワーク┤ ファシリテーション
                         └─ 心理療法
                            （カウンセリング，
                            行動療法，家族療法
                            SST，遊戯療法
                            ペアレントトレーニ
                            ング，その他）

ソーシャル
ワーク

間接援助技術 ── コミュニティワーク（コミュニティオーガニゼーション）
              ── 社会福祉運営管理 ── 社会福祉行政運営管理
                                  ── 社会福祉施設運営管理
              ── 社会福祉計画
              ── 社会福祉調査     ── 社会福祉団体運営管理
              ── 社会活動（ソーシャルアクション）
              ── その他
```

児童やその保護者が地域で孤立しているような場合や，多様な支援を必要としている時などに必要に応じて社会資源や関係する人々とをうまく結び付け総合的に支援する機能である。⑤の仲介・調停的な役割は，④の機能に類似している面もあるが，地域や施設等と児童やその家庭との間にトラブル等がある場合などに，適切にその調整（仲介や調停）を図りその生活を安定させる機能である。

注意しなくてはならないことは，児童・家庭福祉（社会福祉）の援助技術とは，医療行為のように患部を取り除くというような劇的なものではなく，こうしたいわば日常的な生活や人間関係のなかでの意図的な働きかけ，かかわりの総体としてあるものであり，その結果としての問題解決であるということの理解である。

児童・家庭福祉の目標は，先にも述べたようにその「児童やその家庭の自立助長であり，生きる勇気を培うこと」である。そのように考えればこうしたさまざまな役割（機能）の結果，児童や家庭が変化し，社会にあって正常に生活・機能できるように支援する意義の大きさについては理解できよう。

(2) ケースワークとグループワーク（直接援助技術）

直接援助技術は，児童やその保護者に直接に働きかけて問題解決をはかろうとする方法である。多くの方法があるが，ここではその代表であるケースワークとグループワークについてだけ簡単にふれたい。

《ケースワーク》

ケースワークは，その理論的体系者でケースワークの母とよばれるメアリー・リッチモンド（Richmond,M.）によれば，「人とその社会環境の間に，個別的に，意識的にもたらされる調整を通じて，パーソナリティの発達を図る諸過程」とされるものである。今日，その具体

的な方法原理には機能主義，診断主義，行動療法などその心理臨床的な立場の違いで多様なものがあるが，リッチモンド自身は精神分析学の影響を大きく受けていたが，生活や環境がその人に与える影響の大きさも重視した福祉的立場でもあった。

ケースワークの支援過程と原則は，次のようなものである。実際の具体的な事例を用いて説明したい。

〈事例１〉

　Ａ高校３年に在学している良子が６月のある日の放課後，職員室の担任に相談に来た。良子は母子家庭で日頃は明るく，授業も熱心に受けていた生徒であるが，３年生になってからは時々休みがあり，最近一週間は学校に来ていなかった。担任は気にしており，来週にでも家庭訪問をしようかなと思っていたところだった。良子は担任の前の椅子に腰掛けるやいなやいきなり学校をやめたいと言った。理由をきくと母親が病気になり，かわりに働かなくてはならないからだという。学校の授業料も滞納しており，友人にも何人かにお金を借りているので学校に来るのがいやになってしまったと言った。担任は３年生でもあり，あとわずかで卒業だから，なんとかならないかと思ったが，アルバイトを禁止している高校でもあるので，良い方法が思いつかなかった。そのために良子に了解をとって大学時代の友人でＡ市の福祉事務所に勤務するＢソーシャルワーカーに連絡した。

　ソーシャルワーカーはすぐに来てくれて，良子の話をきき，本当は良子は学校をできれば続けたいという気持ちであることを理解した。その気持ちに応えるためにワーカーは良子に学校を続けるためには生活保護を受給するという方法があることを教え，その手続きについても説明した。良子は自宅に帰り，母親にそのことを話した。しかし，母親は人様の世話になるのは嫌だし恥ずかしいといって，余計なことしないでくれと怒り，良子に学校をやめて働いてほしいと懇願した。良子は困ってしまい，数日してから市のＢワーカーに直接連絡した。ワーカーは良子の家にすぐ来てくれた。母親からこれまでの生活と病気の様子を聞き，部屋の様子から保護が必要な家庭と判断した。良子の母親に生活保護制度の意味や，その制度の利用方法についての説明をし，良子のためにも保護の受給を勧めた。母親は始めは否定的であったが，やがてワーカーの親身な切実な話し方に次第に耳を傾けるようになり，良子がかわいそうだと泣いた。そして最後は自分の方から保護を受けることの方が良いと思うのでよろしくお願いしますと言った。良子は母親と一緒に暮らしながら学校を続けることができるようになり，夏休み明けには就職も決まり，無事卒業にこぎつけた。明るい良子は職場でも皆にかわいがられて

いる。良子の母親も安心したのか良子が勤めに出るようになってまもなく病気が回復し働けるようになった。

この事例からケースワークの援助過程をみると，ワーカーは，①良子の話をきき，良子の本当の願いを知り，なんとか学校を続けさせてやりたいと思った＝インテーク，②良子と話したり家庭訪問をすることでその家庭や学校の状況を確かめながら＝ケーススタディ，アセスメント，③生活保護制度を利用したくないという母親の気持ちを受け止めながら，制度の本来の趣旨や，今後の生活の立て直しや良子の気持ちを理解してやることの必要性を母親に納得させ，④制度の利用にこぎつけさせた＝社会治療・処遇，⑤そして1年後には楽しそうに働いている良子を確認している＝評価，の典型的な過程をたどっていることがわかる。

《バイスティックの7原則》

社会福祉のケースワークの原則といわれるものの代表がバイスティックの7原則である。上例からバイスティック（Biesteck,F.）の7原則といわれる専門的なケースワークの原則を確認すると，①相談者の話にじっくり耳を傾け一人ひとりの問題状況を明らかにする（個別化），②母親や良子のつらい気持ちを理解する（受容），③余計なことをするなと言われたことにも腹を立てず（統制された情緒的関与），④保護は恥ずかしいから受けたくないという母親の気持を理解する（非審判的態度），⑤一緒に親身になって話を聞いてやることで母親は自分の心の中を出し，涙も見せる（意図的な感情表出），⑥説明に納得し，最後は自分の判断で解決方法を選ばせる（自己決定），⑦援助の過程で知り得た秘密は漏らさない（秘密保持）などが行われていることが確認できる。

児童・家庭福祉現場における援助過程は上例のようにいつもうまく

いくとは限らないが，ワーカーと相談者（サービス利用者）の関係は，相談者にその主権（決定権）がある関係であり，ワーカーの意見に従わせるのではないこと，解決には時間がかかることも多いことを理解しておきたい。

《グループワーク》

グループワークは一般に，2～10人程度の小集団を活用して行われる複数の個人に対する同時的援助である。援助者（グループワーカー）と集団のメンバーとの関係や，メンバー相互間の集団力学的関係，グループ・プログラム活動などの経験などにより，集団に参加する個々のメンバーの人格の変容をはかり集団への適応力を高めることを目的とする活動である。

グループワークは19世紀からのイギリスのセツルメント活動や，アメリカの社会教育分野でのYMCA，YWCAなどのボーイ（ガール）スカウトなどの集団活動から発展してきたものである。

グループワークの理論的大成者であるジゼラ・コノプカ（Konopka,G.）の『児童治療グループワーク』(1949)によれば，「ソーシャル・グループワークとは，ソーシャルワークのひとつの方法であり，意図的なグループ経験を通じて，個人の社会的に機能する力を高め，また個人，集団，地域社会の諸課題に，より効果的に対処しうるよう，援助するものである」としている。グループワークの定義は先にみたケースワークの概念にかなり近いものであることがわかる。

〈事例2〉

新潟県の日本海に面したN市の高台にA児童養護施設はある。定員は50人，現在の入所児童は3歳児から高校生までで，47人である。就学前児童が6人，小学生が23人，中学生15人，高校生3人である。兄弟入所も4組ある。施設長は長く児童指導員を勤めて，現在の職について3年目である。施設の子どもたちの生活をできるだけ家庭的にすること，子どもたちに自信を持って

毎日をすごすようにさせたいと考え，さまざまな改革にとりくんできた。グループホームも敷地の隣家を購入して開始している。子どもたちにやればできるという自信を持ってもらうために，毎年夏休みを利用して，長期キャンプや国内サイクリングなどにも取り組んでいる。

4月になり，施設内の定例の月例子ども会議が行われ，いつもはあまり発言しない宏（中学3年生）から今年の夏休み活動として，海外でのキャンプの希望が出された。宏はこの施設で生活をするようになり5年目の児童であるが，これまでの国内キャンプには1度しか参加したことはない。施設長は他の児童の反応を観察したが，あまりに突然のことであったので，他の児童は誰も何も言わなかった。もう少し時間をかけて検討することにしてその日は終了した。

会議が終わり施設長は，宏を呼んで，なぜ海外キャンプをする気になったかをたずねた。宏は最初なかなか話たがらなかったが，やっと話した事情は，同じクラスの中学を終了してアメリカの高校に行く予定の生徒に馬鹿にされたことを話した。施設長はN市の海外派遣制度が利用できることを考え，宏に本当にその気があったらきちんと企画することを提案した。

宏はそれから行きたいと考えていたスイスの資料を集め，毎週の会議などで，その内容を提案した。初めは誰も本気にしていなかったが，やがてリーダー役の信一が協力するようになり，賛同する者も急激に増えた。子どもたちの中に自然に役割分担ができ，希望がまとまり，企画書が施設長に提出された。施設長はN市の姉妹都市がスイスにあることから市長にも相談した。市長はさまざまな後援を約束し，市のメッセージを宏に持って行ってくれるように依頼した。宏たちは皆，毎月の小遣いをためて，諸経費の足しにしたいというようになり実際にそうした。施設の中ではボランティアの手も借りて，スイスについての勉強やキャンプ訓練が行われた。

やがて出発日が来た。子どもたち13人と施設長，職員，看護婦などスタッフ4人が一緒に出発した。スイスの子どもたちとの交流ははじめは緊張感が見られたが，すぐに楽しそうに交歓する輪があちこちでできてきた。数日後の宏がスイス市長にメッセージを渡す態度は実に堂々としていた。その様子が翌日の地元新聞に掲載され，皆で大喜びした。10日間のキャンプ生活は完全に子ども中心に行われ，スタッフにはほとんど出番はなかった。キャンプ中の子どもたちの様子は皆，伸び伸びと自主的に働き，施設で見せる様子とは全く違ったものだった。国内ではどうしても「施設の子」という目で周りから見られていることがその原因であることを施設長は理解した。スイスから帰国した子どもたちは，何かが変わったように，生活に落ち着きが出てきた。宏ももう友達のことなど全く気にならなくなり，受験勉強に精を出しはじめた。

この援助の過程は，基本的にはケースワークと類似している。①サービス利用者との出会いがあり，②サービス利用者の抱える問題，発達課題について診断し，③処遇計画＝プログラムとしての海外でのキャンプ活動を企画し，④集団を結成し，海外キャンプを実施することで，⑤集団の成長，発達をはかり，その過程で個人の問題の解決をするという援助方法である。この事例では宏の治療教育にあたり，診断主義的な判断と行動療法がミックスして展開されている。

　グループワークの援助原則は一般に，①グループの結成，②発展，③停滞，④解散という流れの中で行われる。この事例では，宏の提案を取り上げる（個別化），グループへの働きかけや子どもたちの中から自然に役割分担ができ，グループ活動が盛り上がっていく（自主的な参加，活動意欲の持続），海外キャンプの実施（処遇），経費が足りない中で小遣いを貯めるなどの自主的活動（制限的状況の克服），スイスの市長にメッセージを渡すなどの困難な課題への挑戦（葛藤解決），宏や子どもたちが帰国後，自信と目的をもって生活するようになった（評価，効果測定）という原則が確認できる。

　グループワーク活動は，この施設の実践例のように，その成功の鍵はプログラム内容をどうするかにかなり比重がかかっている。サービス利用者（参加者）の能力，適性，興味などをワーカーが十分把握しておくことや，さらには，ワーカーは「指導者」という立場ではなく，グループのメンバーのリーダー的存在という気持が必要である。ワーカーは，レクリエーションやキャンプ，グループディスカッションなどの技術に精通していることが望ましい。また，グループの形成はできるだけ自主的に行われ，参加することも脱退することも自由な雰囲気を保つように支援することがポイントである。グループのまとまりをつくることが目的とならないように気をつけたい。

⑶ コミュニティワーク（間接援助技術）

　直接援助技術が，利用者（対象者）に個人的または集団的に直接に働きかけ，その環境への適応性を高めることを目的とするのに対して，間接援助技術は利用者の生活する環境の改善や周囲の人々のサービス利用者（対象者）への意識や評価を変えさせ，相互扶助などのネットワークをつくることで間接的に利用者の問題の解決を図る技術である。ノーマライズな地域福祉の実現・拡大のための方法ともいえる。

　間接援助技術には，コミュニティワーク（地域援助技術）や社会福祉運営管理，社会福祉調査，社会福祉計画，社会活動（ソーシャルアクション）などがその主な技法としてある。それらの技法は，必ずしも社会福祉活動に限定して開発されてきたものではないが，社会福祉が社会サービスの一種として定着するにつれ，社会福祉領域の専門技法としても理解されるようになってきたものである。ここではその代表のコミュニィワークの技法を中心に簡単に説明してみよう。

　コミュニィワークの源流はグループワーク同様に18世紀後半からのCOS運動に求められる。わが国におけるその源流は1950年代からの共同募金活動や社会福祉協議会の地域福祉活動にみられるが，それが福祉の方法として定着するのは，1990年の社会福祉事業法の改正以来のことである。すなわち，地域福祉サービスが施設福祉サービスと在宅福祉サービスを統合する概念として用いられるようになってからのことである。

　その基本過程は，問題を抱える個人または家族に対して，地域住民が主体となって，計画的，総合的な方法によって，地域の中で問題の解決をはかるための行動を起こすことを支援する過程として把握できる。その問題解決の基本原理には，環境改善＝社会変革としての運動化過程と利用者本人や地域住民の意識変革を伴う組織化過程の2つの

側面があることが大きな特徴である。具体的な援助の過程や原則を事例から考察してみよう。

〈事例3〉

　埼玉県の秩父地方のある村では過疎化が進み、この30年で人口は半減してしまった。とりわけ村の最奥にある集落では高齢の単身者や夫婦世帯の割合が増加し、その比率は50％を越えている。それにともない認知症の老人も増加し、役場に相談に訪れる人も増えてきた。社会福祉協議会のコミュニティワーカーに配属された宮本さんは、介護サービス事業の展開をはかる企画責任もまかされた。宮本さんは実態をまず調査することにして、医師や家族、本人から聞き取りを開始した。その結果、高齢者世帯のかなりが、息子、娘はいるが、現在は村を出て遠方で働いている家庭が多いこと、公的な介護が緊急に必要と思われる家庭が数％に上っていることをつき止めた。しかし、介護を必要とする本人自身は在宅での家族介護を望むものが多く、ホームヘルパーなどが家庭に入り込むことを嫌う様子がうかがえた。
　そうしたある日、軽い認知症がはじまっていた高齢者の一人のAさんが自宅で首を吊って死んでいるのが発見された。家族が仕事にでかけている留守のできごとであった。宮本さんは、家族や近隣の人々の聞き取り調査からAさんが日頃から息子夫婦との折り合いが悪く、役たたずと常に言われ、隣町にある施設への入所を強制されていたことが判明した。村には似たような家族が他にも何軒かあることがわかり、それらの人からなんとかしてほしいという相談を受けた。宮本さんは村の自治会長や民生委員たちとも相談した。この村では施設利用を高齢者は一般に嫌う傾向があり、施設建設はもとより、デイサービスセンターの設置もできていない。宮本さんはそれらの施設建設とホームヘルプサービスの利用拡大などを提言した。何度かの話合いと他町の施設見学などをする過程で、そうしたサービスを利用したいと言い出す人も出てきた。集落の人々は施設建設とデイサービスセンターの設置を役場に要望し、自分たちの力で過疎で廃屋となっていた家の一軒をとりあえず寄り合い場所として整備した。そうした動きは同じ村の他地区にも反響を呼び、多くの人々が施設建設を希望した。村では高齢者福祉サービス事業を積極的に行政課題とせざるを得なくなり、特別養護老人ホームが建設された。デイサービスセンターも同時に整備された。それからは高齢者が昼間一人でいるためにおきた自殺などが目立って減った。

　この援助の過程は、①対象となる地域の特徴を調査把握し、②地域の福祉課題を明らかにし、③地域住民を組織化し、④他町村などとの比較を通して問題点と解決方法を把握してもらい、⑤解決のための運

動を起こし，関係者のネットワークを形成し，⑥施設建設やサービス拡大により，地域の中で問題の解決をはかり，⑦地域の人々の意識を変えその福祉水準を高めることになったというものである。コミュニティワーカーの宮本さんは専門家として地域全体の福祉環境を良くし，同時に問題を抱える個人（家庭）への援助を実現することができたというケースである。

　コミュニィワークの原則と援助過程は児童・家庭福祉の分野でも基本は同様である。福祉課題を解決するのに，個人と個人の関係に基づくケースワークや，集団を利用したグループワークという方法ではなく，地域のあり方自体を問題とすることによってそこで生活している児童（家族）の問題の解決もはかるという手法である。問題となっている児童や家庭の課題の解決は，結果的にその地域全体を住みやすいものに変えることにもつながることが重要である。

第二部　ソーシャルワークと
　　　　児童・家庭福祉の今日的課題

第5章

ソーシャルワークと児童・家庭福祉

第1節　児童・家庭福祉領域でのソーシャルワーク概念と展開

(1) 児童・家庭福祉領域でのソーシャルワークの定義と基本理念

　一般にソーシャルワークとは、「生きる上で何らかの生活課題（対人的なものや経済的なもの、障がいや社会参加等）を抱えた個人又は家族に対して、ソーシャルワーカー等により社会的な諸資源（物、人、情報、制度等々）を利用して、その問題の解決をめざして行われる諸過程」と考えられている。また、ソーシャルワーカーは、そうした生活課題（生活ニーズ）を抱えた人の相談内容に応じ、その人自身の抱える問題や、その人を取りまく環境や関係から引き起こされている諸課題に総合的に働きかけて、問題の具体的な解決や緩和を図り、その自立を支援することを仕事とする専門職と考えられているものである。

　ソーシャルワークの固有の領域として今日幅広く関係者に認められている基本理念は、いわゆる「生活モデル」にもとづくものである。生活モデル（福祉モデル）は、その対極にある「医学モデル」が、患者の具合の悪くなった原因や部位を突きとめてから治療するという考えに立つことに対し、原因ではなく、今現在の状況を問題として、個人と環境（家庭や地域）の双方に総合的に働きかけて少しでも具体的にその状態を改善し、その人のQOL（生活の質、生きる意味）を高

めようとする理念のことである。いわば「問題」に焦点を当てるのではなく,「解決」に焦点を当てる方法といっても良いものである。

　児童・家庭福祉分野での近年のソーシャルワークの動向を見ると,多くの人には,文部科学省が2008年度から実施している「スクール・ソーシャルワーク」事業などの実践例がイメージされるのではないだろうか。スクール・ソーシャルワーカーは,生活が困窮(貧困児童)している児童や障がいのある児童,いじめや不登校,校内暴力,虐待問題等の課題をかかえる児童とその保護者(家庭)に対して,教師や学校職員と協働で働きかけその解決をめざす福祉専門職である。文部科学省の「スクール・ソーシャルワーカー」には,社会福祉士や精神保健福祉士が主たるその担当者とされているが,現状では地域によっては臨床心理士や長い教師経験を有する者なども多数活用されており,その呼び方もさまざまである。

　児童・家庭福祉分野全体を見ると,今日では,ソーシャルワーカーが活躍する場所は学校以外にも,少年院や児童相談所,福祉事務所,児童家庭支援センター,保健センターや保健所,さらには多くの児童福祉施設の児童指導員や家庭支援専門相談員など数多い。それらに共通した特徴は,一般にカウンセラーは,施設等の一室で待っていて来た人の相談に応じその心の問題(葛藤)を解決するというように施設内処遇の範囲で仕事が終結することが多いのに対し,ソーシャルワーカーは積極的に外にでかけ,その人のおかれた環境や関係の改善のためにさまざまな人や機関に働きかけ問題の改善をはかることが期待されている人という違いがある。

(2) 児童・家庭ソーシャルワークの展開とその特徴

　児童・家庭福祉分野でのソーシャルワークと一般の高齢者や障がい

者福祉分野，生活保護業務などでのソーシャルワークとの共通点と違いはどの様なものであろうか。その全体的な流れは図表5－1のように共通であるが，対象が児童であるという特性に規定され，各段階で求められる具体的な対応には，成人の場合とは異なる何点かの大きな違いがある。

図表5－1　ソーシャルワークの流れ

① インテーク面接
　　↓　問題の受理・発見，主担当者の決定等（担当チームの結成）
② アセスメント（調査，診断，諸準備）
　　↓　保護者との面談，情報収集，記録作成，チーム会議の開催
③ プランニング（計画と処遇過程）
　　↓　保護者との協議，関連機関との相談，役割分担,「自立支援計画」
　　　　等の作成と実施
④ 処遇・モニタリング（心理療法も含む支援開始，経過観察）
　　↓　（再アセスメント）
⑤ 評価・（終結または再支援）

その大きな相違点の第一は，①問題の初出＝ソーシャルワークの開始（インテーク）が，成人のそれでは来談者自身の意志で相談機関等への訪問から開始されることが多いのに対し，児童・家庭福祉分野では，児童の問題（障がいや問題行動，虐待の有無等）に対して，ある時点で施設職員がその「特異性」や「課題」に気づくことから始まるという特徴がみられることである。一般に，低年齢の児童自身が自分の問題や心の内部について，それを外部の人間に意識して発信することはまれである。そのため職員の敏感な「気づき」の有無がソーシャルワークの開始にあたり極めて大切な要素になるのである。

第二には，一般のソーシャルワークの場合には，②のアセスメント（診断・評価）に必要な資料や情報の収集は，関連機関の職権としてできることが多いのに対し，多くの児童・家庭福祉分野でのそれは職員自身の注意深い観察等による記録や情報収集が基本になるというこ

とをあげられる。そのため、とくに「気になる子」などのケースでは、「保育士は気にしていても保護者は気にしていない」などの障がいを認めないケースも多いため、問題状況の改善以前のところで、保護者にその必要性を理解してもらうための努力や時間が必要となる場合がある。保護者に理解してもらうためにも、当該児童の発達等についての詳細な「アセスメントシート」の作成や職員が一丸となった情報収集・情報交換が必要となる。もちろん、それ以前にさらに重要なことは、日頃からの施設と保護者との信頼関係の構築のための努力である。

また、第三には、その自立支援計画の策定や具体的処遇にあたり、直接の対象が児童であることから、言葉によるカウンセリングは難しいため、実施できる方法や処遇の直接的な時間が限られているということをあげられる。また、その援助、発達支援の過程は保護者と一緒になった対応や深い連携・協力が求められるので、成人の場合とは異なるものである。

そして第四には、ケースの終結が成人の、たとえば生活保護業務などでは、「問題解決（生活課題の充足）」は保護費が支給されるか否かという誰にでも理解できることで判断できるが、児童ソーシャルワークでは、成長・発達支援が基本課題である場合が多いので、ある時点で終了ということにはならず、その時点からまた次の具体的な目標が設定され、その達成のために支援活動が継続されるという特徴がある。それゆえに児童・家庭ソーシャルワークでは一般にその展開に長い時間・期間がかかるという特徴があるのである。

第2節 「保育ソーシャルワーク」の基本概念

(1) 保育ソーシャルワークの定義とその概念

　児童・家庭福祉分野の相談機関や施設での「ソーシャルワーク」の定義や流れはすでに述べたとおりであるが，近年その必要度が高まっている保育所でのそれについては現時点ではあまり一般化していない。

　保育現場で，「保育ソーシャルワーク」という語句がいつごろから使われだしたかについてははっきりしない。保護者への指導が03年の児童福祉法の改正で保育所の仕事とされたが，そのねらいは主として増加する虐待問題への対応の強化のためであり，今日問題になる「気になる子」の対応等ではなかった。

　「保育ソーシャルワーク」の語句は，公的には90年や98年の『保育所保育指針』はもとより，現行の08年改訂版も「保護者に対する支援」が第6章で独立して設けられたが，『保育所保育指針』自体にはその語句は見あたらない。『保育所保育指針解説書』には「ソーシャルワーク」という語句は数カ所出てくるが，ここでも「保育」と「ソーシャルワーク」の合成語である「保育ソーシャルワーク」という語句はまだどこにも出ていないのが現状である。

　保育所でのその必要性は第1章第3節で述べた通りであるが，その概念には場所を示す場合と主体を示す場合の2つの大きな意味があり，その「定義」自体はまだ確立されていない。筆者は，保育ソーシャルワークとは，児童の最善の利益の確保を目的に，家庭・保護者との連携・協力をベースに，保育所以外の専門機関や地域の人々の力も借りながら，長期的に生活の場である保育所等で行われる実践活動をその内容とし，保育士等の保育所職員を中心に担われることがその基本と

考えている。これらのことを具体的に定義すれば，保育ソーシャルワークとは，「児童及びその保護者等を対象に，保育士等により保育所や子育て支援センター等を基盤として行われる総合的な自立支援をめざす福祉的活動」と統一的にとらえることが妥当と考えているのである。

さらに言うならば，もともと保育所や幼保連携型認定こども園は，児童福祉法第7条に定められた児童福祉施設である。保育所はソーシャルワークの場ではないと考えたり，それができない施設と分けて考えること自体が本来は不自然と言わなくてはならないのである。

児童福祉（施設）は，本書8頁の図表1－3にあるようにその本質として「人格を支える機能」と「人格を育てる」機能を有するものである。その中核施設である保育所が，地域のあらゆる資源を動員して自立支援というソーシャルワーク機能でそれを統一的に実現していく施設であるべきだと考えることは当然のことであろう。そのことは現実の保育所等にその力量があるかどうかの問題とは別の問題であり，保育所が目指す理念，方向ということである。

⑵　保育ソーシャルワークの成立と構成要素

保育にソーシャルワークという機能が広く求められるようになってきたのは，理論的には94年からの「エンゼルプラン」に「地域子育て支援」という概念が付け加えられてからと考えて良いであろう。それまでの保育所に入所している児童とその保護者だけを対象としていた保育所の業務に，「地域社会の環境整備が，児童の健全育成や少子化対策には欠かせない本来の子育て支援である」という政策上の転換があり，広く地域の子育てを支援するという役割が加わったのである。

そのことは児童福祉の立場では，地域の子育て環境や生活環境の整

備を視野に入れたすべての児童・家庭の保育の権利を保障するという「インクルーシブ」社会のための「セーフティーネット」の形成が課題とされたという意味となった。その結果，保育所は社会的な「ソーシャルワーク」の視点を持つことが必然化されたのである。それらを概念的に簡単に示すと図表5－2のようになる。

図表5－2　保育ソーシャルワークの対象概念

しかし，現実的には今日の各地域での保育所実践には「保育ソーシャルワーク」事例として高く評価できるものも多いにもかかわらず，それらが保育現場の関係者間では「ソーシャルワーク活動」としてはまだ認識されていないことが多いのである（全国保育協議会編『公立保育所の強みを活かした「アクション」実践事例集』2015年にはソーシャルワーク事例と評価できるものが多数収録されている）。

保育や児童福祉の研究者たちを中心に，保育現場で高まる「保育ソーシャルワーク」の必要性を自覚して，「日本保育ソーシャルワーク学会」が設立され，研究・実践活動が本格化されたのもごく最近のことである。学会設立の要因には，それ以前の「スクールソーシャルワーク」活動が活発化してきたことや第1章で述べたような激増する「気になる子」や「心配な親」等への現場対応の必要性等々に触発されたものである。また，その必然的な背景には障害者基本法の抜本改

正(2011年),障害者差別解消法(2013年)の制定,障害者権利条約の批准(2014年),学校教育法施行規則等の改正(2014年)等々の障がい者福祉の流れがある。児童の成長・発達権の保障は全ての児童に例外無しに等しく保障されなければならないとする国際的な「インクルーシブ」な社会の建設が法的にも求められているのである。

　保育ソーシャルワークの方法や流れ,その構造は,児童福祉ソーシャルワーク一般とほぼ共通であるが,もちろん,経済的な支援もできる福祉事務所や親子関係等に深く介入できる児童相談所等とは異なり,保育所としてできることの限界も当然ある。それでも各園での実践をみると,図表5－4に見られるように,「保育ソーシャルワーク」と呼ばれるものの成立には2つの要素が共通してあるように思われる。その2つの要素とは,「個別的な自立支援計画の有無」と「地域での関係者や専門機関とのネットワークによる児童・家庭支援」である。

　しかしながら考えてみるまでもなく,図表5－3の「個別的な自立支援計画」の策定はどこの保育所でも実施している日々の活動そのものの延長であり,個別的な配慮を要する児童への関わりについてもどの園でも必要に応じて他の専門機関等と連携してすでに進められていることである。問題はそのことを保育関係者が「ソーシャルワーク」として意識していない場合が多いということなのである。

図表5－3　保育ソーシャルワークの成立要素

保育ソーシャルワーク	個別的な自立支援計画(短期,中期,長期)を策定しての児童・家庭支援
	地域での関係者や専門機関のネットワークによる児童・家庭支援

図表5－3を補足して述べるならば，自立支援計画の策定は，家庭との協働作業として行われるものである。社会福祉の基本理念である「利用者主権」の尊重ということであるが，実際上の理由としても家庭の協力がなければその実践効果は薄いものとなることから当然であろう。またその計画立案には，（療育）などの専門機関のアドバイスや連携・協働作業も次の実際的な処遇の内容にかかわるために不可欠な作業である。

　このように「保育ソーシャルワーク」の構成要素を整理すると，これはもちろん保育所だけで完結できるものではないことが示唆される。また，こうした関わりはもちろん一保育士だけでできることではない。一人の児童のために保育所職員全体での総力をあげた「チーム保育」という考え方が必要となるものであり，その中でもとくに，他の機関との情報交換・つながりを考えると，実際には園長や主任保育士等の役割が大きいと思慮されるものである。

　しかし，第1章の第3節で明らかにしたように，すでに1割を超えるような保育現場でのさまざまな「気になる子」の存在は，もはやその対応を一部の専門機関に任せておけばすむような物理的状況ではない。専門内容的にも，子どもや家庭を最も良く知る保育士自身が日常的な生活や遊び場面で意識して「保育（療育）」等にかかわることなしには進められない状況なのである。

　「保育ソーシャルワーク」の今後の展開にあたり，もちろん，他の社会福祉士や臨床心理士等の専門家との連携・協力は不可欠であるが，それらの者にまかせきるのではなく，保育士自らが「ソーシャルワーカー」としての自覚を併せ持つことが何よりも必要と思えるのである。

　「障がい診断」は原則として医師が行うものであるが，保育士（所）はそれ以上に大切な最初の「気づき」，「見立て」ができ，個別的に当

該児童の発達課題に長期的にかかわることのできる専門職である。とりわけ乳児から受け入れていることから，「障がい」の早期発見・早期対応ができる立場の保育所（士）には，すべての児童の発達保障のために地域の最後の「セーフティーネット」として機能することが期待されている。

　地域の期待に応え，最後の「セーフティーネット」として機能するためには，保育士の専門性を高める必要があることは断るまでもないことである。第4章で示したような心理療法の基礎的知識や簡単な技術，アセスメントのためのアプローチ諸理論，ジェノグラム（家族関係図）やエコマップ（関連資源，人物関係図）等の作成技法，アサーション（正しい自己表現技術）などの保護者との関係強化のコミュニケーション手法，ペアレント療法（ほめ方指導）やリフレーミング（良いとこ探し）等々は最低限必要な学習内容と思われる。当該児童や保護者の期待に応えるためにも，一日も早い実践的な保育士むけの研修や専門的な実習をふくめた養成体系ができることが望まれている。

第6章

保育サービスをめぐる諸問題

第1節　保育所制度の概要と役割の歴史的変化

(1)　保育所制度の概要と現状

　保育所は「児童福祉法」第7条に規定された児童福祉施設の一種であり，その設置目的は同法第39条で，「保育を必要とする乳児・幼児を日々保護者の下から通わせて保育を行うことを目的とする施設（利用定員が二十人以上であるものに限り，幼保連携型認定こども園を除く）とする。②保育所は，前項の規定にかかわらず，特に必要があるときは，保育を必要とするその他の児童を日々保護者の下から通わせて保育することができる」とされている。

　また児童福祉法第24条は，「市町村は，この法律及び子ども・子育て支援法の定めるところにより，保護者の労働又は疾病その他の事由により，その監護すべき乳児，幼児その他の児童について保育を必要とする場合において，次項に定めるところによるほか，当該児童を保育所（認定こども園法第三条第一項の認定を受けたもの及び同条第九項の規定による公示がされたものを除く）において保育しなければならない」とし，「保育を必要とする」児童に対する市町村による保育の公的責任が明示されている。

　「保育を必要とする」具体的要件は，保護者の労働や疾病など10の事由と必要量（時間），障がいがあるなどの優先利用の該当の有無な

どが判断基準とされている。しかし、いずれの要件も保護者がその子どもを保育できない直接的な事情の有無によるもので、安全な遊び場が近所にない、友達が近所にいない、家が狭いなどの社会的理由は今日でも認められていない。

保育サービスの全体的体系は、2015（平成27）年4月からの「子ども・子育て支援新制度」の施行に伴い大幅に変更された。その詳細については本章、第3節で述べるが、新制度が施行された背景には、外で働く女性の増大に伴い、地方での公私立幼稚園の利用者の減少、都市部での保育所利用希望者の増加と入所できない待機児童の問題が大きな要因としてあった。

図表6－1は、認可保育所の施設数、定員、利用児童数等の推移である。94年度までは少子化に伴いその利用児童数は減少していたが、その後、不況や母子家庭の増大等の深刻化に伴い、近年のその伸びはいちじるしい。しかし、この間の定員増加等の施策にもかかわらず、図表6－2に見るように保育所を利用できない待機児童は近年では毎

図表6－1　保育所数・定員・入所児童数の推移

(各年4月1日現在)

	保育所数	定員（人）	入所児童数（人）
昭和60年（'85）	22,899	2,080,451	1,770,430
平成2（'90）	22,703	1,978,989	1,637,073
7（'95）	22,496	1,923,697	1,593,873
12（'00）	22,195	1,923,157	1,788,425
17（'05）	22,570	2,052,635	1,993,796
22（'10）	23,069	2,158,045	2,080,072
25（'13）	24,036	2,288,805	2,219,603
26（'14）*	24,425	2,335,724	2,266,813

資料）厚生労働省「福祉行政報告例」
注）＊は概数である。
出所）厚生労働統計協会編『国民の福祉と介護の動向（2015/2016）』p.89

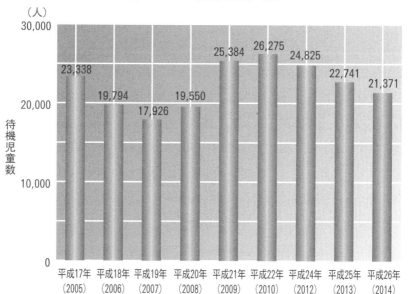

図表 6 − 2　待機児童数の推移

資料)「厚生労働省保育課調べ（各年 4 月 1 日現在）」
出所)こども未来財団編『目で見る児童福祉（2015 年版）』p.29

年 2 万人以上に上っている。その大半は，図表には無いが，児童一人当たりの経費が余分にかかるため定員枠が少ない 0 〜 3 歳未満の低年齢児である。国は 2017 年度末までに定員を 267 万人として，待機児童をなくすとしているが，保育士不足もありその実現は危ぶまれている。

　保育所の施設の広さ，設備の基準，職員の人数，処遇内容などについては他の児童福祉施設と同様に，その基本は「児童福祉施設の設備及び運営に関する基準」で定められている。また，具体的な細かな保育内容や方法については，厚生労働省が定めている『保育所保育指針』にもとづき行うこととされている。

　『保育所保育指針』は年齢別にその保育内容等を定め，保育計画の作成上の留意点などを示したものである。『保育所保育指針』は 3 歳以上の児童については，保育所の就学前の「教育」機関としての役割

にも配慮し，保育士の行うこととしての［基礎的事項］に加えて，幼稚園教育と教育内容を共通にするために幼稚園教育要領が定める5領域（健康，人間関係，環境，言葉，表現）に対応したものとなっている。保育所保育は長い間，養護と教育が一体となって家庭教育の補完を行うものとされてきたが，今日ではさらに積極的に家庭の保育を指導し，地域の子育て支援を担うものとされている。

(2) 保育所の歴史と役割の歴史的変化

保育所の歴史は古く，1890（明治23）年に新潟市内の私塾，新潟静修学校に付設された託児所（子守学校）の創設にまでさかのぼり，すでに125年以上が経過している。戦前における保育所は一般に託児所とよばれ，大正時代中期の米騒動事件以後，貧困対策や戦時対策の一環として設置が奨励され，全国にその数を増していったものである。

戦後も児童福祉法の施行と同時に児童福祉施設のひとつとして規定され，少子化にともない一時的にその利用者数や施設数を減らすことはあったが，近年では先の図表6－1に見るように，その数は全国で24,000カ所以上と激増し，地域では最も身近な施設となっている。

これらの保育所の時代による機能（役割期待）の拡大過程を図示したものが図表6－3である。戦後のわが国の保育所の発展は，現在までで大きく4段階に分けて考えることができる。こうした機能拡大はその時々の社会の保育ニーズに応えてきた結果であるが，それだけ保育所に求められる専門性が高くなってきたと考えられることでもある。

第一段階は，1947年の児童福祉法の成立により，保育所が家庭の救貧対策を兼ねて出発したのであるが，60年代以後，次第に幼稚園と同様な「成長・発達支援」機能の充実が課題とされ，1963年からは3歳以上児については文部省（当時）と厚生省（当時）の共同通知

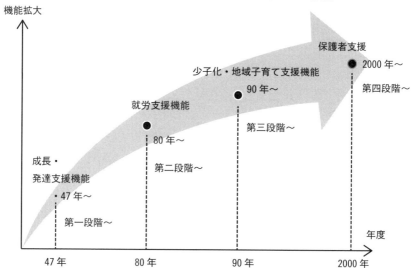

図表6－3　戦後の保育所の役割・機能の発展段階

で幼稚園と同様な教育内容が担保されることになった時期である。この流れはもちろん現在につながる保育所の最も基本とされるもので，少子化や「気になる子」の増加という現代社会の状況下ではその重要性はむしろ一段と増大している。

　第二段階は1980年から81年にかけていわゆるベビーホテル問題が生じたことで，保育所に「就労支援機能」の拡大が求められるようになってからの時期である。具体的には図表6－4のような延長保育，夜間保育，乳児保育，学童保育（放課後児童健全育成事業）などである。そこでは保育所の課題は当面の保育ニーズの多様化や，仕事と子育ての両立支援にどうこたえるかということであったが，その対応には地域差が大きく今日でも課題を残している市町村は多い。

　しかし，それらへの整備がまだ十分できていない段階の1990年に，1.57ショックといわれる衝撃的な少子化の進行（合計特殊出生率の低下）が意識される事態が起こった。それからは就労の有無にかかわらず，

図表 6 − 4　認可保育所を中心とした多様な保育

事業名	事業内容	実施ヶ所数
一時預かり（一時保育）	子育て家庭における保護者の休養・急病や育児疲れ解消等に対応するため、子どもを一時的に預かり保育すること。	7,903ヶ所（平成25年度）
延長保育	保護者の就労形態の多様化、通勤時間の増加等により通常保育時間では間に合わない事態に対応するため、朝・晩に時間を延長して保育を行うこと。	17,546ヶ所（平成24年度）
特定保育	パートタイム勤務や育児短時間勤務等、保護者の就労形態が多様化している中、週2～3日程度、児童の保育を実施すること。	1,474ヶ所（平成25年度）
夜間保育	夜間において保育を実施すること。	82ヶ所（平成25年度）
休日保育	日曜日、国民の休日等において保育を実施すること。	1,163ヶ所（平成25年度）
病児・病後児保育	子どもが病気の際に自宅での保育が困難な場合、病気の児童を一時的に保育すること。	1,708ヶ所（平成25年度）

注）実施ヶ所数については、認可保育所以外の施設で実施する場合も含む。
資料）厚生労働省「福祉行政報告例」
出所）こども未来財団編『目で見る児童福祉（2015年版）』p.29を修正

　子育て中の全ての地域の家庭を対象に、保育所機能の地域開放である「地域子育て支援」の必要性が求められる第三の段階に突入したのである。地域子育て支援は、保育所での一般の人からの電話相談などを皮切りに、次第にその内容や方法が拡大していくことになった。図表6 − 4はその結果の今日的な多様な保育サービスの拡大状況である。
　第4段階は、90年代後半から現在までの時期である。その時期の象徴的なできごとには、2000年に「児童虐待防止法」が制定されたことをあげることができる。虐待問題や「気になる子」、「心配な親」などの増加が著しくなり、保育所に保護者支援［家庭支援］の機能が求められるようになってきている現代である。そのために必要な方法のひとつが、第5章で取り上げた、個別的な関わりをベースにした、

「保育ソーシャルワーク」である。この時期は保育所の民間移管や民営化が急速にすすんでいることも特徴である。

以上述べたように，戦後のわが国の保育所はそこに求められる機能（役割）で分けて考えると，大きくは4つの段階を経て現代に至っているとまとめることができる。しかし，こうした対応には地域差も大きく，図表6－4の夜間保育の設置数に見るように現代に至るまで整備がほとんどなされていないものもある。

(3) 放課後児童健全育成事業（放課後児童クラブ，学童保育）の現状と「放課後子ども総合プラン」

保護者の就労支援を促進する観点から，近年急速にその普及が進んでいるものが放課後児童健全育成事業（放課後児童クラブ，通称「学童

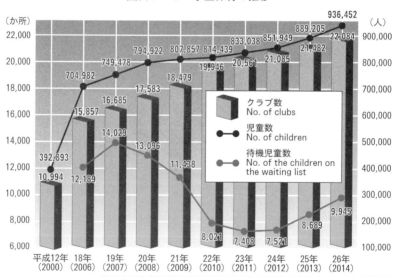

図表6－5　学童保育の推移

厚生労働省「放課後児童健全育成事業（放課後児童クラブ）の実施状況」

注）平成23年は東日本大震災の影響によって調査を実施できなかった岩手県及び福島県の12市町村を除いた数値。
出所）こども未来財団編『目で見る児童福祉（2015年版）』p.33

保育」である。以下，ここでは学童保育という通称を使用する）。近年におけるその状況は図表 6 - 5 の通りである。その実施箇所数は 2014 年には 22,000 カ所を超え，登録児童数も 90 万人を超えている。その実施箇所数はすでに全国の小学校数（20,357 校，平成 26 年 5 月）以上になっているが，利用希望児童数の伸びには追い付かず，そのため保育所の場合と同様にここでも入所できない待機児童が生じているのが現状である。

　学童保育は「児童福祉法 6 条の 3 ②項」で規定されるものであるが，一般には，共働き家庭など留守家庭の小学校に就学している児童に対して，学校の余裕教室や児童館，公民館などで，放課後等に適切な遊び，生活の場を与えて，その健全育成を図る事業として理解されている。2015 年 4 月からその対象が従来のおおむね 10 歳未満から小学校に就学している時期（6 年生）までと延長され対象は拡大した。

　学童保育については，その質の向上を狙いに，後述する 2015 年度からの「子ども・子育て支援新制度」では市町村の行う「地域型保育事業」に位置付けられ，国の補助金交付の対象事業とされた。また，職員になるために「放課後児童支援員」資格が創設され，研修受講が義務付けられた。集団規模も原則 40 人までとされ，児童一人当たり広さもおおむね 1.65 ㎡以上，開所日数も年間 250 日以上などが補助対象条件として求められるようになっている。しかし，図表 6 - 6 に見るように多くの市町村では大規模人数のままでの運営を強いられているのが実情であり，今後の改善が課題となっている。

　こうした状況下で，共働き家庭等の「小 1 の壁」を打破するとともに，全ての就学児童が放課後等を安全・安心に過ごし，多様な体験やさまざまな活動を行うことができるよう，2007（平成 19）年度から文部科学省が実施していた放課後子ども教室と学童保育（放課後児童ク

図表 6 − 6　学童保育の定員規模別実施状況

（平成 26 年 5 月 1 日）

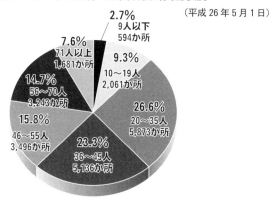

出所）こども未来財団編『目で見る児童福祉（2015 年版）』p.33

ラブ）事業を一体とした「放課後子ども総合プラン」を厚生労働省と文部科学省は共同事業として 2015 年度から 5 カ年計画で実施することになった。「放課後子ども総合プラン」では，放課後児童クラブの定員もその間に 30 万人増員するなど女性の就労促進がねらいでもある。プランでは，全国約 2 万箇所の全小学校区で放課後子供教室と放課後児童クラブを一体的に設置し，うち 1 万カ所を一体型で実施することを目標としている。

　しかし，図表 6 − 7 の両者の比較に見るように，「生活の場」である放課後児童クラブ（学童保育）と，さまざまな体験やスポーツ等の「学習の場」である放課後子供教室では，その対象や目的，職員（担い手）資格，開所日数等々の隔たりは大きく，これまでの学童保育を利用していた保護者や関係者の中には不安の声もある。

図表6-7 放課後子供教室と放課後児童クラブの比較

事項	放課後子供教室	放課後児童クラブ（学童保育）
対　象 目　的	全ての児童 学習・スポーツ等体験活動の場	保育を必要とする児童 生活の場
か所数	10,376か所	21,482か所
普及状況	約5割の小学校区に普及	同　約9割に普及
担い手	地域ボランティア，コーディネーター	放課後児童支援員
国の予算額	約49億円	約316億円
開所日数平均	111日（平均）	長期休暇を含む年間250日以上
実施場所	小学校71.3%， 公民館13.2%， その他12.1%	小学校余裕教室28.1%， 小学校専用教室24.1%， 児童館12.8%， その他35.0%

資料）厚生労働省「放課後児童健全育成事業（放課後児童クラブ）の実施状況について」2013。
　　　文部科学省「平成25年度『放課後子ども教室』実施状況」2013
出所）『日本子ども資料年鑑　2014』中央出版，p.297を修正作成

第2節　地域子育て支援と児童館

(1) 地域における子育て支援の必要性と内容

「地域における子育て支援」の意味は，一般的には，「子育てを家庭の責任だけにまかせるのではなく，社会的な育児支援を地域で行うこと」として理解されている。第2章でみたように，就労支援以外のそうした子育て支援施策がとられるようになったのは1990年のいわゆる1.57ショック以後のことであり，以来今日まで，国は「エンゼルプラン」，「新エンゼルプラン」，「子ども・子育て応援プラン」，「子ども・子育てビジョン」など数次にわたり，少子化対策の視点からの

「地域における子育て支援」策の強化を図ってきた。

このように「地域における子育て支援」の必要性が近年盛んに言われるようになった背景には，少子化だけでなく，核家族化，都市化の進展に伴い，祖父母同居世帯も減り，子育て体験の世代間継承がなされないままに親になっている世帯が増えていることなどがある。また，従来あった地縁・血縁的な自然な助け合いの人間関係が失われ，地域から孤立した子育てを余儀なくされている家庭が増えているという事情もある。さらには女性の家庭外での就労が一般化し，長い間当然とされてきた男女の性別役割分業体制にもとづく家庭での子育て機能が急速に変化してきたという理由もある。第1章でも述べたように，地域・家庭での育児力の低下に対処するために，旧来の地縁的・血縁的関係ではない，地域社会での新たな社会的な子育て支援サービスの充実や人間関係の再構築が求められるようになってきたのである。

これらの大きな目的をもつ「地域における子育て支援」を，その内容や方法から分類すると，図表6－8のように，①子育て基盤の強化，②就労支援機能の強化，③子育ての地域化・共同化の3つの柱に大別できる。このなかでは，①はすべての子育て中の家庭が，②は主として共働き家庭が，③は主として専業主婦のいる家庭が対象と分けて考えることができよう。

1994年のエンゼルプランの策定を受けて，就労していなくとも育児疲れや育児不安などから保育所の持つ機能や場所を利用したいという地域の子育て支援を求めるニーズに応えるために，保育所に地域の子育て中の一般家庭を対象にその機能の一部を提供することが求められるようになったことは先に述べた通りである。その具体化が一時保育制度であり，95年度から開始された「緊急保育対策等5か年事業」でとりあげられた「地域子育て支援センター」事業の拡大である。

図表6－8　地域における子育て支援の内容

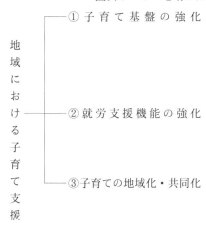

地域子育て支援センターの実際の活動をみると特徴のあるさまざまなものがあるが，その活動内容や機能から類別すると，図表6－9のように，①遊びの場，②交流・仲間づくりの場，③相談・助言の場，④情報提供の場，⑤ボランティアや実習生を受け入れる学習の場，⑥一時保育の場などの6つの場に分けて考えることができる。すべての地域子育て支援センターにこうした6種類の場（機能）があるわけではないが，多くの子育て支援センターに共通しているものである。

図表6－9　地域子育て支援センターの機能（活動の場）

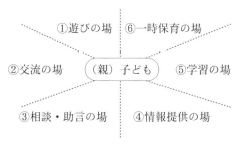

一方，90年代後半からは，各地で母親たちが自主的な子育てサークルやNPOを立ち上げ，公共施設の一室を借りて共同で子育て広場などを運営することが増加した。子育て不安や負担感を軽減する目的であるが，子育て中の保護者の社会参加の一形態としても評価される内容も含んでいたこともあり，その運営箇所数は急速に増加した。

　それらの動向も踏まえ，2007年からは図表6－10のように，「地域子育て支援拠点事業」として統合され，その活動内容や日数等により国の補助金事業として，①ひろば型，②センター型，③児童館型に分けられて全国に広がり，2013年度では全国に約6,000カ所以上に拡大した。さらに，2015年度からの子ども子育て支援新制度では，市町村の行う「地域子ども・子育て支援事業」のひとつとして再編され，その普及がはかられている。

図表6－10　地域子育て支援事業の成立と再編

```
1995（平成7）年
保育所等併設・地域子育て              2002（平成14）年
　支援センター事業開始               つどいの広場（NPO等）
           ↓                              ↓
    ＿＿2007年　地域子育て支援拠点事業に統合＿＿
         （ひろば型，センター型，児童館型）
                      ↓
            2012年（一般型，連携型）
            2013年（地域機能強化型，連携型）
```

(2)　児童館の現状と課題

　児童館は児童遊園と並んで，児童福祉法第40条で「児童に健全な遊びを与えて，その健康を増進し，又は情操を豊かにすることを目的とする施設」と規定されている児童福祉施設である。児童の健全育成

図表6－11　児童厚生施設数の推移

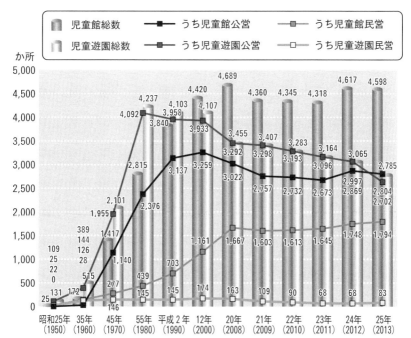

資料）厚生労働省「社会福祉施設等調査」
出所）こども未来財団編『目で見る児童福祉（2015年版）』p.32

のために児童厚生施設には「児童の遊びを指導する者」をおかなければならないとされ，児童館には集会室や遊戯室，図書室などの設備がなければならないものとされている。近年その動向は図表6－11の通りであるが，少子化に伴いやや減少傾向である。

　児童館のその主な役割は，①乳幼児期の親子を中心にした遊び援助や育児相談などの児童・家庭支援，②放課後児童クラブ（放課後児童健全育成事業，いわゆる学童保育）や中・高校生へのクラブ活動指導などの児童健全育成事業，③母親クラブや父親クラブの育成，④子育てサークルなどの地域組織化事業などである。

　児童館における子育て支援施設としての特徴と意義は，保育所とは

異なり，保護者の就労の有無にかかわらず，①地域の子育て中の家庭の誰もがいつでも自由に利用できる施設であること，②その数が比較的多く地域の身近な施設であること，③専任職員が最低二人以上いる安全な公的施設であることなどである。

　児童館の多くでは，就学前のどこにも通っていない3歳未満児を持つ母親を対象に1回1時間程度，週に何回かの遊び活動を行ったり，子育てサークルへの支援活動等を行っている。児童館の活動と役割は先に述べた保育所の地域子育て支援センターと重なる部分も多いが，地域における独自の子育て支援施設として相談等の機能の充実が課題となっている。

第3節　保育サービスの改革課題と今後の展望

(1) 子ども・子育て新制度の概要と課題

　2015年度からスタートした「子ども・子育て支援新制度」と呼ばれる大きな改革は，2012年8月に消費税の増税法案と同時に，児童関係三法（①「子ども・子育て支援法」，②「認定こども園法」＝正式には「就学前の子どもに関する教育，保育等の総合的な提供の推進に関する法律」，③「児童福祉法」等子ども関係法令の）改正により創設されたものである。06年からの旧「認定こども園法」による4類型のこども園（幼保連携型，幼稚園型，保育所型，地方裁量型）の再編・整理を目的にしたものであるが，その究極の大きなねらいは明治時代以来の保育所と幼稚園の二元的な保育制度に終止符を打ち，一元的な就学前の保育（教育）制度を創設することにあった。また，制度変更の当面の直接的なねらいは，保育所，幼稚園，認定こども園の三種を，幼保連携型認定こども園に一元化し，待機児童の解消と地域で

の児童数の減少に対応し、集団を維持し教育機能の向上をはかることとしたのである。

しかし、それぞれが地域の中で独自の役割と歴史を有する保育所と幼稚園の一元化はそれほど簡単にはできないことである。そのため、①当面はすべての乳幼児に関する保育施設での保育サービスを対象に、給付制度を内閣府で管轄一元化すること、②利用者個人への給付金制度の導入（給付金は法律により施設が代わりに受け取る＝法定代理受領）することなどを目標とした。さらにこれまで、認可外保育所的な扱いだった①小規模保育所（6～19人）、②家庭的保育（通称　保育ママ制度）（5人以下）、③事業所内保育、④居宅訪問型保育（ベビーシッター事業）を市町村の行う保育事業に位置付け、地域型保育給付事業として認定し、国の給付金対象にすることとした。

しかし、現行の、①都道府県による私学助成金制度のままの幼稚園を認めたこと、②私立保育所については、市町村と保育所との委託関係を存続し、従来通り私立保育園には運営費を委託費として支払うこと等が残されたこともあり、多くのそれらの施設はこれまでと同じ制度にとどまることとなった。そのため、一元化への道筋は今後もかなり時間がかかるものと思われる。逆に言えば、長期的な保育制度の「三元化」が2015年度から始まったともいえるものである。

新制度下での保育所、幼稚園、幼保連携型認定こども園の法的な位置づけをあらためて確認すると下記のようなものとなる。

①保育所
　児童福祉法第39条に基づく児童福祉施設。保育を必要とする乳児、幼児を同法第24条により保育するところ
②幼稚園
　教育基本法第6条に基づく学校であり、学校教育法第22条の幼稚園の目的

によって幼児を保育するところ。
③幼保連携型認定こども園
就学前の子どもに関する教育，保育等の総合的な提供の推進に関する法律（以下，認定こども園法）に基づく教育・福祉施設で，子ども子育て支援法及び認定こども園法により，満3歳以上の幼児に学校において行われる「教育」並びに児童福祉法第6条の3，7項で規定する「保育」を行うところ。

しかし，新たに制定された利用体系では，保育を必要とする事由等は第1節で述べた通りであるが，その場合でも図表6－12にあるように，利用時間等で1号認定，2号認定，3号認定に3区分されるものであり，極めて複雑な制度体系となった。

今回の制度改正の特徴は，幼保連携型認定こども園では幼稚園同様に入園を希望する保護者は，希望する園に直接入園申請を行い，入園の決定を受ける直接入所制度が導入されたことがある（保育必要量等

図表6－12　施設型給付の対象となる保育施設の利用体系

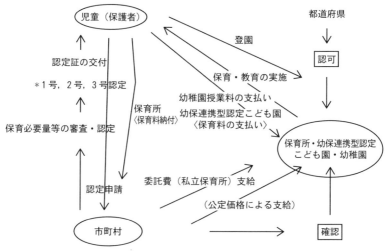

注）認定の区分
・1号認定＝　満3歳以上で，保育を必要としない子ども
・2号認定＝　満3歳以上で，保育を必要とする子ども
・3号認定＝　満3歳未満で，保育を必要とする子ども

の審査は市町村の業務)。施設側には、正当な理由がない場合には入園は拒否できない応諾義務が課せられてはいるものの、入園の可否は原則として園長の権限であり、教育的に必要な場合には入園金や保育料の上乗せ徴収が可能になるため、同じ児童福祉法第7条に規定されている施設でありながら、規制の強い保育所とはかなり異なる仕組みとなった。また、新たに幼保連携型こども園では保育〈教育〉を行う職員として保育所と幼稚園の両方の資格・免許を持つ者に「保育教諭」の職が新設され、『幼保連携型認定こども園教育・保育要領』にもとづき教育・保育が行われることとなった。

なお、図表6－12にある施設型給付の対象となる保育所、幼稚園、幼保連携型認定こども園に対しては、国により定められた児童一人当たりの「公定価格」と呼ばれる給付金が支給される。さらに先にも述べたように、新制度では、図表にはないが、「公定価格」が支給される施設型給付の対象施設として、小規模保育(利用児童数6～19人)、家庭的保育(同、5人以下)、居宅訪問型保育(いわゆるベビーシッター)、事業所内保育などの従来は認可外保育サービスとして行われていたものの一部が、新たな基準にもとづき「地域型保育事業」として認められることになった。

公定価格は、施設類型(保育所、幼稚園、幼保連携型認定こども園)や所在地域、定員区分、年齢構成等により複雑に異なるが、保育所の場合は従来の運営費とほぼ同じ概念である。公定価格の負担割合は、保護者から徴収した利用者負担分を除いた額に対して、国が2分の1、都道府県と市町村は4分の1を負担する。

子ども・子育て支援法にもとづく新制度では、第1節でもふれた放課後児童健全育成事業(学童保育)など、従来は児童福祉法による市町村の子育て支援事業とされていたものに、新たに「利用者支援事

図表 6 − 13　子ども・子育て支援新制度の全体像

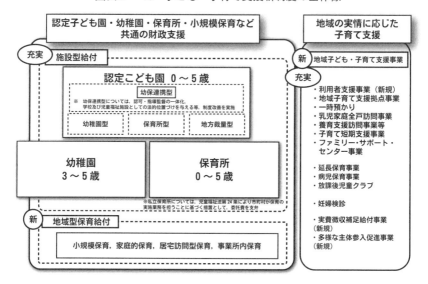

資料）厚生労働省保育課行政説明資料『保育行政の動向と課題について』平成 27 年 6 月 6 日
出所）厚生労働省児童家庭局保育課『子ども・子育て支援新制度について行政説明資料』p.11

業」などがさらに付け加えられ、図表 6 − 13 のように合計 13 種類の「地域子ども・子育て支援事業」が創設された。そうしたサービスの実施は市町村の義務ではないが、実施する市町村には一定の割合での補助金が国から支給されることになった。それらを合わせた「子ども・子育て支援新制度」の全体像は図表 6 − 13 のようなものである。

(2)　保育サービスの質をめぐる諸問題

新制度になったにもかかわらず、わが国の保育施設及びそのサービスの現状を見た時、大きな問題点として、「児童福祉施設の設備及び運営に関する基準」を満たさないために都道府県知事による認可が受けられない、いわゆる「認可外保育施設」の存在がある。メディア等で、認可外保育施設での悲惨な死亡事故（事件）等が時折報道され、

利用していた保護者が批判されることがあるが，それらの施設が，認可保育施設の提供できない24時間や深夜に及ぶ長時間の保育サービスや，定員枠の小さい0～2歳の未満児保育等を提供していることなどはあまり知られていない。図表6－14は，いわゆるベビーホテルや認可外保育施設の施設数や入所児童数の推移を示すものであるが，近年では少子化にもかかわらずほぼ一貫して増加しているのである。

図表6－14の平成25年度でのベビーホテルの利用状況について見るならば，図表にはないが，24時間や宿泊，深夜にまで及ぶ施設が全体の37％をしめ，利用児童数も24時間保育されているものが，183人（1％），主に夜間に保育されている者が4,267人（13％）もいたことが厚生労働省の調査でわかっている。その提供するサービスが利用者には切実なものであるだけに，機械的取り締まり・規制の対象にして，排除してしまえば問題の解決とは簡単にはならないのである。

子ども・子育て新制度の基本理念のひとつは，「全ての家庭（児童）を対象」にした制度の構築であったが，実際にはこうした深刻な保育ニーズのある家庭が利用できる施設サービスは，ベビーホテルが問題となった86年当時とほとんど変わらない，あるいはむしろ悪化して

図表6－14 認可外保育施設の箇所数及び利用児童数推移

区分		平成10年度	平成11年度	平成12年度	平成19年度	平成20年度	平成23年度	平成24年度	平成25年度
認可外保育施設	施設数	4,783	5,253	5,815	7,348	7,284	7,739	7,834	7,939
	児童数（千人）	149	160	169	177	176	185	201	203
ベビーホテル	施設数	727	838	1,044	1,597	1,756	1,830	1,818	1,767
	児童数（千人）	19	21	25	29	32	33	35	33
その他	施設数	4,056	4,415	4,771	5,751	5,528	5,909	6,016	6,172
	児童数（千人）	130	139	144	148	144	152	166	170

注)・施設数及び児童数は都道府県等が把握した数。
・平成10年度及び平成11年度については各年度1月10日現在，平成12年度は12月31日現在，平成13年度以降は3月31日現在。
出所）厚生労働省保育課『平成25年度認可外保育施設の現況取りまとめ』（平成27年3月31日）

いるのが実情である。

こうした施設には最低年に1回は市町村による立ち入り調査が実施されており，指導監督基準に適合していない施設に対しては，口頭または文書で指導がなされている。しかし，施設の閉鎖命令や事業停止命令，施設名の公表などの厳しい指導はなされていないので，その効果は形式的なものにとどまっていると言わざるをえない。施設への立ち入り調査が実体としては形骸化していると言わざるをえない状況が続いているのである。

乳幼児の保育を受ける権利ということを考えた時，量的な整備は当然のことであるが，安心して預けられるという質的な側面も重要な問題であることはあらためて述べるまでもないことである。

そうした，保育所等の保育の質を担保するために，近年行われているものが「第三者評価事業」である。第三者評価事業は「サービスの質を当事者以外の公正・中立な第三者機関が専門的かつ客観的な立場から評価する事業」のことで，近年では企業ばかりでなく，病院や大学，行政など社会の多方面で急速に広がっている。

保育所での第三者評価制度の目的は，①保育所自身による自らの保育サービスの点検に資することで保育の質の向上に役立てること，②評価結果の公表により利用者の選択に資することの2点とされている。その直接的な法的根拠は「利用者主権」を基本理念のひとつとして2000年6月に成立した「社会福祉法」の第78条，「福祉サービスの質の向上のための措置等」と同第75条「情報提供の努力義務」に対応したものである。

第三者評価事業は一般論としては，公共性を担保された保育所を地域にさらに開き，地域住民や利用者に一層安心して利用してもらうためには有効で必要な情報公開と利用者保護の制度と思われる。しかし，

保育所の"保育の質"を担保するためには第三者評価事業制度は有効であるが，それだけでは不十分である。保育所にはそれにふさわしい保育環境と専門性の高い保育士の配置が必要であり，そのためには就労支援と子どもの育ちを両立させる保育所の機能を保障する「児童福祉施設の設備及び運営に関する基準」などの規制は今後も必要であると考えられる。

　児童・家庭福祉を推進する立場からは，保育所サービスを一般の商品のような市場での自由な取り引きに任せることには今後も慎重でなければならないことは当然であり，むしろ一層の施設・設備水準の向上，保育士等の質の向上が求められるものである。

第7章

児童・家庭福祉の今日的諸問題

第1節　児童虐待問題と児童相談所

⑴　児童虐待の概念と児童虐待防止法

　児童虐待は古代社会から存在していた。しかし，その子どもに与える影響の大きさについて，児童福祉関係者が世界的に注目するようになってきたのは比較的最近のことである。

　児童虐待の現れ方は国や地域により多様であるが，今日，一般的には図表7－1のように発展途上国と先進工業国とに分けて説明されることが多い。そのために子どもの権利条約も第19条第1項，第32条，第33条，第34条，第35条，第36条，第37条，など多くの条文において，広く児童の虐待＝人権侵害からの保護を訴えているのである。

図表7－1　児童虐待のあらわれ方

発展途上国	児童売買や売春の強要，過酷な児童労働などが多い。
先進工業国	父母，教師，施設職員などによる身体的，心理的，性的虐待や養育のネグレクトなどが多い。

　内容をみると，発展途上国では栄養不良や不衛生，経済的貧困等に起因する問題が深刻であるが，先進工業国では最も信頼する父母や教師，施設職員などから加えられるものであるため虐待は表面化しにくく，しかもその児童に与える影響（被害）はきわめて大きい。

児童虐待の歴史については，アメリカで1874年頃に，継父に殴られ，餓死寸前にあったメアリー・エレン（Mary, E.）の事件が報道され，1875年には児童虐待防止協会がつくられてから，児童福祉関係者では関心をよんでいた。当時，アメリカでは動物の虐待防止法はあったが児童のそれはなかったのである。

　しかし，その後，児童虐待が同国で広く問題にされたのは1960年代になって，小児科医のケンペ（Kempe, C.）が病院に連れてこられる多くの子どものケガが偶発事故によるものでないことに気がついてからのことである。その共通する臨床所見は，骨折，硬膜下出血，栄養不良，皮膚の打撲，突然死などであり，子どもの年齢は3歳以下が多く，親にほとんどかまわれていないと思われる不潔な状況や子どもと親の述べるケガなどの既往歴が一致しないなどであった。ケンペはこれらの共通特徴を持つ児童を「被虐待児症候群」とよび，親などによるそうした行為を「児童虐待」（Child Abuse）として世に警告を発した。

　わが国でも児童虐待は児童養護施設関係者では古くから知られ，大きな問題とされていたが，厚生省（当時）による最初の全国調査が行われたのは，1973（昭和48）年のことである。そこでは児童虐待は「暴行など身体的危害，あるいは長時間の絶食，拘禁など，生命に危険をおよぼすような行為がなされたと判断されたもの」と定義されていた。しかし，わが国では「子どもは神からの授かりもの」として「血のつながり」が強く意識される風潮の強いこともあり，虐待は欧米のように多くはなく，その程度もあまりひどいものとは一般の人々には思われずに長い時間が経過した。

　80年代後半になり，児童虐待の事件がマスコミでしばしば報道されることに触発され，厚生省は虐待に関する相談処理件数統計を全国

の児童相談所の協力を得て1990年に初めて発表した。その件数は全国で約1,100件であったが，それまで虐待はわが国ではほとんど無いものと思われていたので，多くの一般の国民には衝撃的な数字であった。以後，その件数は関係者の懸命な取組みにもかからわず減少することなく，図表7－2のように今日まで急増している。

　虐待の増加にもかかわらず，当初は児童虐待防止法の制定については，戦前のそれが児童福祉法の成立とともに廃止された経緯や虐待防止は児童福祉法の改正で対処すればよいと考えられていたこともあり，その具体的な作業は進まなかった。90年代後半になり，児童虐待が止まることなく広がる傾向に危機感を抱いた国会議員からの提案で，ようやく2000年5月に「児童虐待の防止等に関する法律」は成立したのである。そこでは，虐待は下記のように定義された。

　①児童の身体に外傷が生じ，又は生じる恐れのある暴行を加えること。
　②児童にわいせつな行為をすること又は児童をしてわいせつな行為をさせること。
　③児童の心身の正常な発達を妨げるような著しい減食又は長時間の放置そのための保護者としての監護を著しく怠ること。
　④児童に著しい心理的外傷を与える言動を行うこと。

　ここでは従来からの「身体的虐待」，「心理的虐待」に加えて，従来わが国ではほとんど無いとされてきた「性的虐待」や保護の怠慢，不適切などのいわゆる「ネグレクト」，あるいは「マルトリートメント」とされるものを加えた4種の形態が虐待とされた。しかし，虐待とされるケースでも，保護者の意識では「しつけ」をしているという場合もあり，その見極めは簡単でない。一般的には，「しつけ」の範囲と

「虐待」の違いは児童自身がそれを苦痛に感じているかどうか、児童福祉の立場から見てそれが子どもの成長発達上適切なことかどうかの判断が大きなポイントとなるものである。

(2) 児童虐待の増加とその内容

児童虐待が疑われるケースでの児童相談所への通報件数の近年における推移は図表7－2のとおりである。1990（平成2）年度ではその通報・相談処理件数は年間1,100件程度だったが、2013（平成25）年度は73,802件と急増している。児童虐待防止法の施行前の1999（平成11）年度と比較しても6.3倍の増加である。

児童虐待がわが国で近年急増している理由については、児童虐待防止法が施行され虐待への社会的関心が高まり、新聞、テレビなどのメ

図表7－2　児童虐待通報対応件数の推移

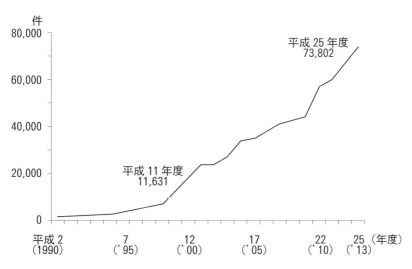

資料）厚生労働省「福祉行政報告例」
注）平成22年度は、東日本大震災の影響により、福島県を除いて集計した数値である。
出所）厚生労働統計協会編『国民の福祉と介護の動向（2015/2016）』p.100

ディアで報道が多く行われるようになってきたこともあるが、その背景には、不況などの経済環境の悪化、孤立した育児環境、さまざまな親子・夫婦関係のストレスの増加や未成熟な親の増加などの複合的な原因があると思われる。

虐待の内訳では心理的虐待が最も多いが、近年では保護の怠慢ないし拒否（ネグレクト）の割合も増加している。図表7－3のように虐待を受けている児童の年齢では小学生が最も多く、ついで3歳〜学齢前となっている。主たる虐待者の割合は実母が54.3％と過半数を超えていることに複雑な気持ちを抱かされると同時に、その原因がなぜなのかを考えさせられる。

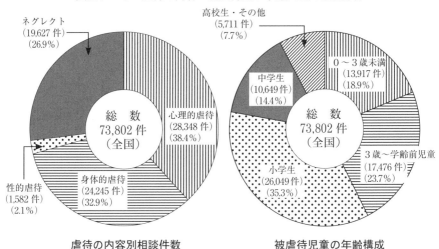

図表7－3　虐待の内容・被虐待児の年齢，主たる虐待者

虐待の内容別相談件数　　　被虐待児童の年齢構成

主たる虐待者の割合

実母	実父	実父母以外の継父，継母など	その他（叔父母，祖父母など）
54.3%	31.9%	7.3%	6.5%

資料）『福祉行政報告例』（平成25年度）
出所）図表7－2と同じ

(3) 児童虐待問題と児童相談所

　虐待の起こりやすい状況とその程度（ひどさ）は図表7－4のように一般にX，Y，Zの3つの大きな要因の積として考えることができる。第1の要因は，図ではXで表されている部分で，広く家族のおかれている社会環境上のリスク要因の大きさである。ここには家族の経済的状況や夫婦関係，地域からの孤立程度などが含まれる。第2の要因は図のYの部分で，親自身の成育歴や性格要因，親としての自覚・親意識の有無などのリスク要因の大きさである。第3の要因には図のZの部分で，親と子の関係性（連れ子等）や，親の子に抱く意識（望まない妊娠，性別等），子どもの育てやすさ（障がいの有無など）などのリスク要因の大きさである。虐待はその形態も理由も単一なもので起こるわけではなく，こうした原因の複合化，その積として現れるものと考えられる。虐待防止のためには，とりわけXの要因を地域子育て支援などを通じて小さくしたいものである。

　ところで図表7－4のように児童虐待の発生理由とその大きさを考えたとき，その原因は複雑であり，虐待問題への対応を特定の誰か一人にまかせて簡単にできるものではないことがわかる。多くの事例で

図表7－4　虐待の大きさ（＝X×Y×Z）

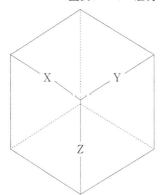

X＝家族をとりまく環境リスク要因
Y＝親自身のリスク要因
Z＝子ども自身のリスク要因

は児童相談所を中心に、市町村の保健センターや家庭児童相談室、児童関係の担当課、病院や学校、保育所や幼稚園、地域の民生・児童委員、主任児童委員、さらには地域の警察や町内会などのさまざまな機関や人々の幅広い連携、協力、ネットワークのもとに、その必要性や緊急度に応じて危機対応やその後のケアが行われる必要があるものである。

また、当然のことであるが、虐待問題への対応で最も大切なことは児童を親から分離することが目的ではなく、児童を再び安定した家族のもとにどうやって帰すかが課題とされなければならないものである。家族の分離ではなく、家族の再統合が本来の目的となるという意味である。

そうした予防から家族の再統合、自立支援までの流れを図示すると図表7－5のような5つの段階として把握することができる。現在のわが国ではまだ虐待の発見が最重点課題となっているが、その本来の目的は予防や家族の再統合、自立支援までが課題とされなければならないものである。以下、図表7－5に従い、福祉専門機関、とりわけ児童相談所の課題を段階ごとに簡単にみておきたい。

第1段階の「予防・啓発活動」での課題は、親による育児を社会的に孤立させないことが最も重要になろう。そのためには第5章でとり

図表7－5　児童相談所の児童虐待問題への段階的対応

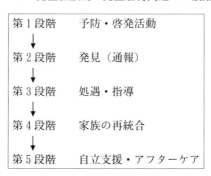

あげたような市町村による育児支援策や地域での子育て支援ネットワークの有無とその活用がポイントとなる。虐待予防の基盤形成は市町村の地域福祉がどこまで充実しているかの度合いに他ならない。しかし，児童・家庭福祉の立場から求められている肝心なことは，虐待を疑い通報し合う隣近所の人間関係を作ることではなく，声を掛け合い，助けあう関係であることを確認しておきたい。

第2段階の「発見」は，近年各地で作られている要保護児童対策地域協議会の活動の中心的課題となっている感がある。虐待通報は現在では虐待し，悩む苦しんでいる親自身からの通報が多いが，保育所や学校，保健センター，主任児童委員などの日常的に児童と接している地域の関係者の役割も大きい。早期発見，早期対処は虐待による最悪の結果を防ぐうえで重要であり，通報を受けた児童相談所には48時間以内の児童の安否確認が義務付けられているが，第3章でみたように現在では児童相談所の人手不足もあり，完全な発見・対応は十分にはできていない。

第3段階の「処遇・指導」は，大きくは，初期介入の段階と指導・措置の段階に分けられる。初期介入では児童の緊急保護が課題となるが，次の段階では，児童と保護者を分離する分離保護か在宅支援かを決めなければならない。分離保護の場合にも，病院，施設，児童相談所などへの一時保護（暫定保護）の場合と長期的な施設入所措置や里親委託の場合等とがある。これらの処遇を職権あるいは同意による保護，家庭裁判所の審判による措置業務で行うわけであるので，司法と親権に関連した多くの問題が派生する。

児童相談所では多くの場合，家族指導，家族調整や親へのカウンセリングや多面的な生活支援，子どもへの支援（見守り，カウンセリングなど）なども行っている。処遇は家族の再統合を目的して行われる

ものであるが，そもそも施設入所や親子分離が，親や児童の意思や希望に反して行われることもあり，その後の児童相談所と保護者との信頼関係の構築には時間がかかる場合も多く，司法の関与の強化とカウンセリング部門の児童相談所からの分離の必要性も叫ばれている。

　第4段階の「家族の再統合」は最終的な目的であるが，虐待の理由となった地域・家庭環境が簡単には変わらないこと，さらに直接的な虐待に至った原因も千差万別であるので，その方法が定型的，マニュアル的に確立しているわけでない。多くの児童相談所では試行錯誤しながら専門担当者をおき，その課題に取り組んでいるのが実情であり，その判断には，児童相談所の専門機関としての力量，専門性が問われる大きな課題とされているものである。ここでも地域の受け入れ体制の整備や，市町村の関与が重要となっている。

　第5段階の「自立支援・アフターケア」は表面上の当面の問題が解決したと見なされ，自立援助ホームや地域で以前のように暮らしはじめてからの段階で必要となるものである。現在では人手不足もあり，児童相談所ではほとんどなされていない分野である。多くの場合に新たな生活の場となった学校や職場などとの調整も必要となるものである。また，虐待ケースの場合，親子ともどもその後のトラウマ（心的外傷後遺症）治療も必要になることも多く，世代間連鎖で虐待を繰り返させないためにも児童相談所などの機能としてていねいな自立支援，アフターケア体制の整備が今後は重要と思われる。

第2節　施設養護と家庭的養育制度

(1)　児童養護施設などでの対応と課題

　第3章でみたように，「保護者のない児童，虐待されている児童そ

の他環境上養護を要する児童」を入所させてその養護と自立支援を行う施設が児童養護施設である。わが国での子どもの養育形態は，一般の家庭養育と，児童養護施設や乳児院などの施設養護，里親，地域小規模児童養護施設，グループホームなどの家庭的養護などの社会的養護に大別することができる（図表7－6参照）。このうち，児童養護施設は2013年10月時点で，全国590カ所，入所定員は3万3,852人，在籍人員27,549人である。同様に乳児院（0歳からおおむね2歳が対象）でも全国に131カ所に3,137人が在籍している。次節で述べる里親に委託されている児童数が2013年で4,578人であるので，わが国の児童養護のうち社会的養護の現状は施設養護が約85％となる。こうした背景には，第1章でみたわが国の親権の強さや，明治30年（1900年代）前後の孤児院とよばれていた時代からの長い施設養護中心の歴史も反映している。

児童虐待と児童養護の関係では，2013年度に児童相談所に虐待として相談が寄せられた73,802件のケースのうち，児童養護施設に入所した割合は5.4％であった。また，そのうち里親委託は0.5％程度にとどまっている（平成25年，福祉行政報告例）。

児童養護施設での処遇は，①子ども中心に行われるべきこと，②長期的に行われることが多いこと，③家庭との連携・協力のもとに行わ

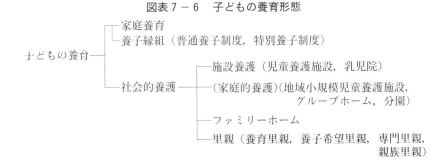

図表7－6　子どもの養育形態

図表7－7　大舎・中舎・小舎の現状，小規模ケアの現状と推移

		寮舎の形態			小規模ケアの形態		
		大舎	中舎	小舎	小規模グループケア	地域小規模児童養護施設	その他グループホーム
保有施設数 （N＝552） （2012年3月）	施設数	280	147	226	312	136	32
	％	50.7	26.6	40.9	56.5	24.6	5.8
保有施設数 （N＝489） （2008年3月）	施設数	370	95	114	212	111	55
	％	75.7	19.4	23.3	43.4	22.7	11.2

注）①社会的養護の施設整備状況調査，調査回答施設数552（平成24年3月1日現在），調査回答施設数489（平成20年3月1日現在）
　　②「大舎」：1養育単位当たり定員数が20人以上，「中舎」：同13～19人，「小舎」：同12人以下，「小規模グループケア」：6名程度
　　③各施設が保有している寮舎の割合であるので，合計は100％にはならない。
資料）厚生労働省家庭福祉課調べ（平成23年10月1日）

れるべきこと，④児童の生活そのものであり，人間としての成長発達の基礎を形成するものであることなどの特徴を有するものである。そのためその処遇にあたってはできるだけ家庭的な雰囲気の下で自然に行われることが何よりも望ましいものである。

　しかし，わが国ではその施設の形態自体も図表7－7のように，一舎12人以下で暮らす小舎制は40.9％程度とまだ少なく，一舎20人以上で病院や学校のような構造の大規模な建物で暮らす大舎制が50.7％が実情である。「児童福祉施設の設備及び運営に関する基準」は，児童養護施設に関しては，近年大幅に改善され急速に小規模化がすすんでいるが，それでもまだ一居室4人以下といった水準であり，さらなる向上が課題となっている。

　近年では，児童養護施設に入所してくる児童の多くが虐待等を理由

に措置されており，障がいを有する児童の入所が目立つ施設もある。きめ細かな家庭的処遇が何よりもそこでは求められている。大舎制から中舎制，小舎制への移行や小規模ケアへの転換が必要とされるのである。

(2) 里親制度と養子制度

里親制度はさまざまな事情で子どもを育てられない実の親に代わる制度として古代律令制の時代から行われていたようである。児童福祉法第6条4において里親とは，「養育里親及び厚生労働省令で定める人数以下の要保護児童を養育することを希望する者であって，養子縁組によって養親となることを希望するものその他のこれに類する者として厚生労働省で定めるもののうち，都道府県知事が第27条第1項第3号の規定により児童を委託する者として適当と認めるものをいう。」とされている。

わが国での児童養護の形態が伝統的に施設養護中心であることは前節で述べた通りであり，今日でも社会的養護を必要とする児童のうち，里親制度の利用児童数は先にも述べたように15%程度である。諸外国では家庭に恵まれない児童は，重い障害のあるなどの特別な事情のある場合を除き，家庭的養護（里親委託など）が主流であるのに対して，わが国では施設中心の養護を行っているという際立った特徴がある。

里親制度は現在は，①養育里親（委託期間は制限なし，児童が18歳になるまで），②専門里親（委託期間は原則として2年間以内），③親族里親（登録，委託期間に定めなし），④養子縁組里親の4種類になっている。また，2008年の児童福祉法の改正により，里親養育の最低基準も制定され，里親制度は家庭的養育ではなく社会的養護であることが明示され，里親への研修の義務づけも行われた。

これらの里親のうち，とくに虐待された児童への専門的な対応が期待されているものが3年以上の養護や養育里親経験のある者を里親条件にした専門里親制度である。専門里親制度は，家庭での親密な援助を必要とする児童に専門的な働きかけをすることにより，被虐待児童の心身を癒し，家庭復帰をできるだけ短期間で促すようにした制度である。

　里親に委託されている児童は，2012（平成24）年では，総数で4,578人であるが（図表7－8参照），その内訳をみると，図表には無いが，養育里親が3,498人（76.4%）であり，次いで親族里親670人（14.6%），養子縁組里親218人（4.8%），専門里親197人（4.3%）の順となっている。

　わが国における里親制度がまだ不振な背景には，前節で述べたように児童養護施設や乳児院などの施設養護中心の伝統が大きいことに加え，里親の監護等の権限が不明確であったり，子育てに血縁関係を重視したがる文化・風土的特徴や差別意識，里親を引き受けるには住宅や就労条件が悪すぎると考えられる家庭の問題などがある。さらには現実的な問題として虐待などを受け養育のむずかしいと感じられる里子の増加，実親とのトラブルを嫌う風潮，月額72,000円～123,000円程度と苦労のわりには高くない里親手当，里親へのアフターケア体制の弱さなどのいくつかの要因が複雑に関連している。

　こうしたこともあり，2004年11月の児童福祉法の改正により，児童相談に関する市町村の体制の充実や里親について，監護，教育，懲戒に関し，子どもの福祉のため必要な措置がとれるよう改正され，2009年度からは里親型のファミリーホーム（小規模住居型児童養育事業）が，児童福祉事業として行われることになった。家庭的な養育環境の場が拡大することとして望ましいが，その支援体制の強化とその質をどう担保するかが課題となっている。

ところでわが国では，里親制度の機能に類似したものとして，長い間行われてきたものに養子縁組制度がある。里親や養子縁組制度は長期間にわたる家庭的養育が重視されている乳幼児期の養育では，積極的な活用が望まれているものである。しかも，児童福祉法第33条8では，親権を行う者などがないケース（保護者がわからない児童など）では，児童相談所長にその児童について未成年後見人の選任や養子縁組などの措置をとることが求められている。施設で親を全く知らずに長く暮らす児童が増加している現状を考え，養子制度についても里親制度と比較してその概要を理解しておきたい。

　養子制度と里親制度の違いの最も大きな相違点は法的なものである。養子制度は民法にもとづき，市町村への戸籍届出により，他人との間で法律上の親子関係をつくるものである。ただし未成年の場合には家庭裁判所の許可が必要で，さらに養子が15歳未満の子どもの場合には法定代理人（親や後見人）によりその代諾がなされるものとされている。養子縁組が成立すれば，親としての権利および義務は養親に移され，養子からみたときには両親の扶養や相続などで実子と養子が区別されることはなくなる。わが国の養子制度には，後で述べるように，現在では普通養子制度と特別養子制度の2種類のものがある。

　一方，里親制度は，先にも述べたように，児童福祉法第6条4にもとづき，要保護児童の養育を希望するもののうち，都道府県知事により適当と認められたものであり，都道府県知事により児童福祉法の措置として児童の養育を一時的に委託されたものである。里親とそれに養育される子ども（里子）との間には法律的な親子関係はまったく生じないが，児童相談所を通じて公的に委託された子どもであるがゆえに，「親族里親」を除いては，里親手当や学用品費，生活費などが支給されているのである。

図表7－8　里親委託児童数，普通養子縁組受付件数，特別養子縁組数等推移

区　分	認定及び登録里親数	児童が委託されている里親数	里親に委託されている児童数	普通養子縁組受付件数　①	特別養子縁組の成立及びその離縁に関する処分　②
昭和40年	18,230	6,090	6,909	16,157	…
50	10,230	3,225	3,851	6,772	…
60	8,659	2,627	3,322	3,244	…
平成2	8,046	2,312	2,876	2,114	999
7	8,059	1,940	2,377	1,603	558
24	9,392	3,487	4,578	1,483	431

注）①は，家庭裁判所における未成年者の普通養子縁組受付件数。②も受付件数。特別養子縁組とは，実親との親族関係が終了する縁組み。
資料）厚生労働省大臣官房統計情報部「社会福祉行政業務報告」最高裁判所事務総局「司法統計年報：家事編」
出所）『日本子ども資料年鑑　2014』中央出版，p.215

　家庭裁判所が把握している，近年における里親委託児童数及び未成年者の普通養子縁組受付件数，特別養子縁組数等の推移は，図表7－8の通りである。普通養子縁組受付件数は図表のように，1975（昭和50）年頃には年間6,772件もあったので，近年ではかなり減少している。しかし，現在でも受付件数は里親委託児童数の3分の1近いことは注目しておく必要があると思われる。

《養子縁組制度における普通養子と特別養子の相違》

　わが国における養子縁組制度は，江戸時代や明治時代以後「イエ」制度の維持のために独自の発展をしてきたものである。しかし，1988（昭和63）年には新たに特別養子制度（完全養子制度，秘密養子制度と呼ぶ場合もある）が制定されることになった。その成立背景には，当時，産院の一部などでひそかに行われていたといわれる「望まない妊娠などでできた赤ちゃん」を，出生登録される前に，子どもができない夫婦で子どもを欲しがる夫婦に，「実子」として斡旋する事件が表

面化するということがあった。特別養子制度はそうした不法な闇斡旋(やみ)を防止する目的で民法817条の改正を行い，翌年から施行されたものである。

当時，こうした斡旋は，産んだ親にも養育を希望する親にもそれぞれの双方の利害が一致するようにみえることもあり，必ずしも悪いこととは考えられずに，当時はかなり広くひそかに行われていたようであるが，詳細は今日でも不明である。またその斡旋理由には，普通養子制度の活用をすると，その子どもが戸籍上は，「養子」「養女」として記載されることで，子どもが将来そのことを知ったときにショックを受けるかもしれないことを防止したいという理由もあったようである。

普通養子制度と特別養子制度の主な違いは，図表7－9の通りである。大きな違いがある両制度であるが，特別養子制度は，児童福祉の観点からみるならば，普通養子制度以上に，より永続的で安定した親

図表7－9　普通養子と特別養子制度の主な違い

普通養子制度	特別養子制度
養親は夫婦とは限らず，単身者でも可能	養親となるものは夫婦であること
養親となるものは成年者でなければならない	夫婦の片方は25歳以上であること
尊属または年長者を養子としての縁組はできない	養子は原則として6歳未満であること
20歳未満の子どもを養子にするには家庭裁判所の許可が必要	
実父母の同意が必要	実父母の同意が必要
戸籍の表記は養子，養女	戸籍の表記は長男，長女
離縁は養親の都合で，一方的に届出可能	離縁は原則として認められず，養親の虐待などの場合には家庭裁判所の許可が必要
	縁組の成立には，6カ月以上の試験養育期間後の家庭裁判所の許可が必要

子関係を維持するために工夫された制度ということもできよう。

養子縁組制度をめぐっては，わが国も子どものつれ去り防止を目的として国際養子縁組制度を定めたハーグ条約に 2014 年 4 月からようやく加盟した。先進主要 8 カ国では最後となる加盟であった。国際結婚や国際養子縁組が広く行われる時代には当然必要なことであったが，その運用は離婚時の取り決めなど子どもの視点からの慎重な配慮も求められている。

第 3 節　ひとり親家庭をめぐる諸問題

(1)　ひとり親家庭をめぐる動向と特徴

未婚，死別または離別の女親と，その未婚の 20 歳未満の子どもから成る世帯を母子家庭とよんでいる。

また，母子家庭や父子家庭をまとめて今日では一般に「ひとり親家庭」とよぶことが多い。従前ではそれらの家庭をよぶのに「片親家庭」としていたが，それが「両親家庭」に対置されることで，なにか「欠損」の「問題家庭」かのような響きがあることから，中立的な「ひとり親家庭」にあらためられてきたのである。父子世帯も含めて，「母子世帯等」という表現をする場合もある。

ひとり親家庭の総数は，厚生労働省の『全国母子世帯等調査』（2011 年度）では，母子世帯が 123 万 8,000 世帯，父子世帯が 22 万 3,000 世帯とされ過去最高の数値になっている。母子家庭，父子家庭ともに離婚等の増加に伴い，近年かなりの増加傾向にある。

ひとり親家庭になった理由をみると，図表 7 − 10 のように 2011 年度では，母子家庭では，80.8％が，父子家庭でも 74.3％が離婚を理由にしている。調査がはじまった 83 年には約 4 割前後がそうした家庭

図表7－10　母子世帯と父子世帯の状況

平成23('11)年度

	母子世帯	父子世帯
世帯数（推計値）（万世帯）	123.8　(115.1)	22.3　(24.1)
ひとり親世帯になった理由（％）離婚	80.8　(79.7)	74.3　(74.4)
死別	7.5　　(9.7)	16.8　(22.1)
就業状況（％）	80.6　(84.5)	91.3　(97.5)
うち正規の職員・従業員	39.4　(42.5)	67.2　(72.2)
うち自営業	2.6　　(4.0)	15.6　(16.5)
うちパート・アルバイト等	47.4　(43.6)	8.0　　(3.6)
平均年間収入（世帯の収入）（万円）	291　(213)	455　(421)
平均年間就労収入 （母または父の就労収入）（万円）	181　(171)	360　(398)

注）（　）内の値は、前回（平成18年度）の調査結果を表している。
　　「平均年間収入」および「平均年間就労収入」は、平成22年の1年間の収入
　　である。
資料）厚生労働省「全国母子世帯等調査」
出所）厚生労働統計協会編『国民の福祉と介護の動向（2015/2016）』p.106から作成

であったので、母子、父子を問わず、近年では死別が減り、離別（離婚）が増加しているのが大きな特徴である。また、母子世帯、父子世帯になった時の母の年齢は平均が33.5歳、父の年齢は38.3歳とされている。

　就業状態をみると、図表7－10のように父は67.2％が正社員であるのに対して、母は臨時・パートが47.4％と不安定な状況におかれていることがわかる。一般に、ひとり親家庭では仕事や家計、家事・育児、住居、教育などで生活上の深刻な悩みを抱える家庭が多いが、とりわけ母子家庭では経済的な問題が深刻である。

(2)　ひとり親家庭と児童・家庭福祉課題

　児童の成育基盤としての家庭の重要性とその社会的支援策の必要性については本書の随所でしばしば述べてきたところである。ここでは最後に、ひとり親家庭とりわけ母子家庭の大きな問題である経済的な支援、住居支援、配偶者からの暴力防止および被害者の保護に関する

法律（通称 DV 防止法）と母子生活支援施設について簡単にみておきたい。

母子世帯の 2011 年度における平均年収は 291 万円と，児童のいる世帯の 660 万円の約 44.2% 程度にとどまっているのが現状である。そのため 2003 年 4 月から，母子及び寡婦福祉法が改正され，離婚した父親に養育費の支払い義務がさだめられているが，実際には養育費を受け取ったことのない世帯は，図表 7 － 11 のように 60.7% と 3 分の 2 近くを占めている。しかも，その額は表にはないが，月に平均 43,000 円程度である。法改正の効果はまだ出ていないのが実情である。

一方で，第 3 章にみたような主として母子家庭を対象にした児童扶養手当は「母子家庭の自立促進」という大きな流れのなかで，受給には所得制限があり，その額も本書 35 頁のように少額である。とりたてて就職に有利な「資格」などをもたない多くの母親にとって，雇用環境は依然と厳しく，都道府県や市町村による生活保護法の運用の改善やスキルアップのための再就職支援，母子父子寡婦福祉貸付金制度の充実などのきめ細かな対策が望まれている。

ひとり親家庭で困っていることの比較をしたものが，図表 7 － 12 である。これをみると平成 23 年度では母子世帯，父子世帯ともに「家計」が最も困っている理由にあげられている。従来は母子世帯では「家計」が，父子世帯では「家事」がその理由の第一位であったが，

図表 7 － 11　養育費の受け取り状況

	現在も養育費を受けている	養育費を受けたことがある	養育費を受けたことがない
2006 年	19.0%	16.0%	59.1%
2011 年	19.7%	15.8%	60.7%

出所）厚生労働省「全国母子世帯等調査結果報告（2011 年度）」

図表 7 − 12　ひとり親の本人が困っていること（平成 18・23 年度）　（％）

区　分	母　子　世　帯		父　子　世　帯	
	平成 18 年度	平成 23 年度	平成 18 年度	平成 23 年度
総数（世帯）	1,172,000	1,280,000	1,350,000	373,000
家　　　計	46.3	45.8	40.0	36.5
仕　　　事	18.1	19.1	12.6	17.4
住　　　居	12.8	13.4	7.4	7.8
自分の健康	10.6	9.5	5.9	9.9
親族の健康・介護	5.0	5.1	＊	8.8
家　　　事	1.7	1.5	27.4	12.1
そ　の　他	5.3	5.7	6.7	7.5

資料）厚生労働省雇用均等・児童家庭局「全国母子世帯等調査」
出所）『日本子ども資料年鑑　2014』中央出版，p. 201

　近年の不況下では，父子家庭の収入ものびず，子どもを抱えて不安定な就労を余儀なくされている家庭も多いことから，その支援体制の強化が課題となった。そのため，2014 年には，法律名が「母子及び父子並びに寡婦福祉法」と改称され父子家庭もその支援対象に幅広く含まれるようになった。

　配偶者からの暴力の防止及び被害者の保護等に関する法律（DV 防止法）は，2001 年 4 月に配偶者からの暴力に苦しむ女性の保護を目的に成立したものである。その後，2004 年 6 月に改定され，児童虐待防止法とも関連し，被害者の同伴する子どもへの接近禁止命令も追加されている。一般に両親が離婚し，母子家庭になる過程は児童にとっては精神的，肉体的な虐待を伴う場合が多い。そのため，児童の眼前での DV は児童虐待として規定されているのである。

《母子生活支援施設》

　生活に困窮する母子家庭に対して，児童福祉法第 38 条の規定に基づき，その保護と自立促進を目的に設置されている児童福祉施設が「母子生活自立支援施設」である。母子生活自立支援施設は，母子支

援員，少年を指導する職員などが常駐しており，安心感のある住居機能が提供され，母子一体の生活が保障されることで虐待防止などの機能や児童の健全育成や乳幼児保育の補完的機能などを果たすことが期待されている児童福祉施設である。2015年度では全国248カ所と近年その設置箇所数はかなり減少しているが，ＤＶ被害者などの増加に伴い，新たな役割も出てきている。

　虐待ケースの取り扱いは都道府県の児童相談所の役割であるが，母子分離をしないで済む市町村の母子生活支援施設の機能は重要である。市が管轄する福祉事務所と児童相談所との有機的な連携・協力が課題とされている。

第 8 章

児童・家庭福祉と教育をめぐる諸問題

第 1 節　児童・家庭福祉と障がい児教育

(1)　障がい児教育の現状と障がい児福祉の動向

　わが国の義務教育は現在，世界でも有数の高い就学率を誇っている。しかし，その発展過程では心身に重い障害を有する児童は長い間「就学猶予」，「就学免除」という扱いを受け，重症心身障がい児を含む全ての児童に学籍が保障されたのはようやく1979（昭和54）年度からのことである。

　今日では障がい児を対象にした教育の場は地域の一般の小・中・高等学校に加え，その障害の特性や程度に応じて，図表 8 - 1 に示すように，特別支援学校と小・中学校における特別支援学級とに分かれ（2007年より盲学校，聾学校，養護学校（知的障害，肢体不自由，病弱・虚弱）が特別支援学校に一本化された），2014（平成26）年 5 月では図表 8 - 1 のように，約34万人が就学している。

　近年では，さらに第 1 章第 3 節でみたように学習障がい児（LD：Learning disorder）や注意欠陥／多動性障がい（ADHD：attention deficit／hyperactivity disorder）児，自閉症スペクトラム（ASD：Autistic Spectrum Disorder）児などのいわゆる軽度発達障がい児の増加に伴い，少子化にもかかわらず特別支援学校や学級等の児童，生徒数はかなり増加している。

図表 8 − 1　義務教育段階の特別支援教育の対象の概念図

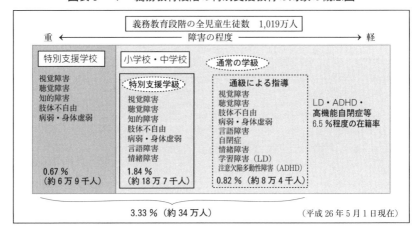

注）この数値は平成 24 年に文部科学省が行った調査において学級担任を含む複数の教員により判断された回答に基づくものであり，医師の診断によるものではない。
出所）内閣府『障害者白書（平成 27 年版）』p.55 より作成

　さらに，今日では小・中学校の普通学級にいるそうした児童の割合は，文科省調査では，図表 8 − 2 のように 6.5％と推計されている。こうした児童の多くが本書 11 頁で述べたいわゆる「気になる子」である。義務教育でも図表 8 − 1 に見るように，1 割近い児童・生徒が発達上の課題を抱えているのである。
　障がい児教育の教育課程は一般の小・中学校と同様に，各教科，特別活動，道徳があるが，その他に特別なものとして「自立活動」の時

図表 8 − 2　小学校・中学校の普通学級に在籍する学習面や行動面で問題を抱える児童・生徒の割合

問題の内容	推定値
学習面または行動面で著しい困難を示す	6.5％
学習面で著しい困難を示す	4.5％
行動面で著しい困難を示す	3.6％
学習面と行動面ともに著しい困難を示す	1.6％

出所）文部科学省『通常の学級に在籍する発達障害の可能性のある特別な教育的支援を必要とする児童生徒に関する調査結果』平成 24 年 12 月

間が設けられている。「自立活動」の時間は各児童の障害の特性に応じ原則として個別的なカリキュラムが組まれ，授業が実施されていることが特徴である。また学校によっては，障がい程度の重い児童のために訪問教育や分校などの仕組みを持つところもある。

　障がい児の教育分野での福祉サービスの最大課題は，個々の児童の障がいに応じてできるだけ地域の中での教育を保障し，さらに卒業後は地域で就労できるようにそのための環境を整備することにある。しかし，障がい児教育は長い間むしろ健常児の教育との分離を前提に，特別な体系で行われてきており，小学校就学にあたり行われてきた教育委員会による就学時健診・指導は，一般の小学校か特殊教育かの振り分けに使われてきたのが実態であった。

　ノーマライゼーション理念の浸透に伴い，2001年度から小学校入学にあたり保護者の学校を選択する意思の確認が市町村教育委員会に求められるようになり，さらに，統合教育（インテグレーション）の効果を上げるためにも学校教育と介護補助員などの派遣による社会福祉サービスとの連携，協力が強く求められるようになった。2004年度には，学習障がい児や自閉症児などの増加に伴い，「発達障害者支援法」がようやく制定された。その結果，アメリカのそれと異なり保護的色彩が濃いものであるが，「個別の教育支援計画の策定」と，すべての学校に「特別支援教育コーディネーター」をおくことがもとめられるようになった。

　こうした一人ひとりの違いに着目し，教育は本来的に一人ひとり違うべきであるとする考えは，「障がい児」と「定型発達児」の分離を前提とした従来の教育観からは大きく異なるものである。その教育概念は一般に包括教育（インクルーシブ教育）とよばれるものであり，そこでは「障がい児」のための「特別教育」という発想ではなく，す

べての児童の発達に必要なカリキュラムを個別に用意するということが求められている。さらに2013年の障害者差別解消法の成立及び2016年度からの学校教育法施行令等の改正により，障がいのある児童の就学にあたっては，「合理的配慮」と認められない場合での特別支援学校等への就学指導は差別にあたるものとされ，就学時健診の在り方が見直され，「インクルーシブ」な教育の推進が強く求められることとなった。地域のなかで，すべての児童に豊かな教育の機会が用意されることは当然であり，そのためにも今後も教育と福祉の連携・協力やインクルーシブ教育の理念の広がりが強く求められている。

(2) 障がい児施設と教育問題

障害のある児童への施設体系は第3章でも少し述べたが，2012年の児童福祉法の改正によって大幅に改変されたものである。その概要は，図表8-3の通りであるが，法的な体系としては，①児童福祉法の措置費（運営費）による体系を基本にしたものと，②障害者総合支援法の個別給付・報酬単価制に基づくものとに大別される。ここでは図表8-3に基づき，主として児童福祉法に基づく体系について概観しておきたい。

児童福祉法の改正等により2015年度から本格施行された体系では，先の第3章の児童福祉施設の概要図に見るように，従来は障害種別に細分化されていた通所系施設と入所系施設が，児童福祉法第7条では児童発達支援センター（医療型，福祉型）と障がい児入所施設（医療型・福祉型）とに大別された。

通所系施設については，わが国では，昭和20年代の児童福祉法の制定期を経て，昭和30年代〜40年代にかけて知的障害，肢体不自由，難聴幼児施設等々へと対象（種別）を広げ，1972年には「心身障害

図表 8 - 3　障害児が利用可能な支援の体系（専門施設）

	サービス名			利用児童数	施設・事業所数
訪問系	居宅介護（ホームヘルプ）	自宅で，入浴，排せつ，食事の介護等を行う	障害者総合支援法	9,367	18,499
	同行援護	重度の視覚障害のある人が外出する時，必要な情報提供や介護を行う		168	5,660
	行動援護	自己判断能力が制限されている人が行動するときに，危険を回避するために必要な支援，外出支援を行う		2,748	1,396
	重度障害者等包括支援	介護の必要性がとても高い人に，居宅介護等複数のサービスを包括的に行う		0	9
日中活動系	短期入所（ショートステイ）	自宅で介護する人が病気の場合などに，短期間，夜間も含め施設で，入浴，排せつ，食事の介護等を行う。		6,211	3,927
障害児通所系	児童発達支援	日常生活における基本的な動作の指導，知識技能の付与，集団生活への適応訓練などの支援を行う。	児童福祉法	68,831	2,978
	医療型児童発達支援	日常生活における基本的な動作の指導，知識技能の付与，集団生活への適応訓練などの支援及び治療を行う。		2,509	101
	放課後等デイサービス	授業の終了後又は休校日に，児童発達支援センター等の施設に通わせ，生活能力向上のための必要な訓練，社会との交流促進などの支援を行う。		89,120	5,307
	保育所等訪問支援	保育所等を訪問し，障害児に対して，障害児以外の児童との集団生活への適応のための専門的な支援などを行う。		1,874	321
障害児入所系	福祉型障害児入所施設	施設に入所している障害児に対して，保護，日常生活の指導及び知識技能の付与を行う。		1,775	188
	医療型障害児入所施設	施設に入所又は指定医療機関に入院している障害児に対して，保護，日常生活の指導及び知識技能の付与並びに治療を行う。		2,194	182
相談支援系	計画相談支援	【サービス利用支援】 ・サービス申請に係る支給決定前にサービス等利用計画案を作成 ・支給決定後，事業者等と連絡調整等を行い，サービス等利用計画を作成 【継続利用支援】 ・サービス等の利用状況等の検証（モニタリング） ・事業所等と連絡調整，必要に応じて新たな支給決定等に係る申請の勧奨	支援法	988	5,233
	障害児相談支援	【障害児利用援助】 ・障害児通所支援の申請に係る給付決定の前に利用計画案を作成 ・給付決定後，事業者等と連絡調整等を行うとともに利用計画を作成 【継続障害児支援利用援助】	児福法	16,371	2,093

注）利用者数及び施設・事業所数は平成 26 年 10 月現在の国保連データ。
　　通所系サービスは国保連委託分のみ（1,719 市町村のうち，1,707 市町村）
　　入所系サービスは国保連委託分のみ（69 都道府県市のうち，52 都道府県市）
出所）厚生労働省「子ども・子育て支援新制度の施行と障害児事業の充実について」『子ども・子育て支援制度説明会資料』2015.3.10

児通園施設」として地域の身近な場所での療育の場として整備されてきたものである。その後，心身障害児通園事業は1988年には，障害児通園（デイサービス）事業として再編され，2003年にはさらにその対象を小学生にまで拡大した「児童デイサービス事業」として改編

された。しかし，それは同時に児童福祉施設としての児童福祉法の体系ではなく，「障害者自立支援法」に組み込まれ，介護給付と類似した「受益者負担」を原則と考える特別支援費制度の対象事業化してしまうという経過をたどることになった。そこでは障害のある児童が，障害があるという理由で，児童福祉ではなく障害者福祉の範疇とされたのである。

その後，児童デイサービス事業は2012年の児童福祉法の改正に伴い，ようやく関係者の強い批判もあり，それ以前の児童福祉法の体系に戻され乳幼児の発達支援を行う「児童発達支援事業」と「障害児相談支援事業」とに大別された。さらに，その時点で，図表8－3にあるように新たな施策として，地域の保育所等での一般児童との統合保育を推進していくための「保育所等訪問支援事業」や，小学生を対象とした「放課後等デイサービス事業」が創設され今日に至ったのである。

児童福祉法改正以後，「気になる子」の増加もあり，通所系施設は大幅に増加し，とりわけ「放課後等デイサービス事業」は民間事業者の参入が奨励されたことや職員に保育士資格や児童指導員資格が不要のこともあり，この数年間で倍増する勢いである。それらの中には介護施設等の経験しかない事業者や，「利益」目的としか言いようのない事業者も含まれ，そのサービスの質の確保が課題となっている。

障がい児教育にかぎらず，教育や児童福祉の最終的なねらいは，自己の意志で生きる道を決定し，社会や家庭にあって機能＝自己実現していく主体性（エンパワーメント）の形成にある。しかし，わが国の障がい児の進路選択を考えると，現実には進学や就職場面などで大きな不利があり，施設や学校で培ったせっかくの能力が活かせない場合も多い。年齢に応じたノーマルな生活スタイルが保障されることを大

切に，福祉と教育の緊密な連携やあり方が求められている。

第2節　いじめ，不登校，非行児童の問題と児童・家庭福祉

(1) いじめ問題と福祉課題

「いじめ」が社会的問題として大きくとりあげられるようになったのは80年代初頭からである。図表8-4にみるように1985年には文部省（当時）により最初の調査が行われて，小学校96,457件，中学校52,891件，高等学校5,718件，総計で155,066件と報告された。これは当時の半数を越える小学校，中学校でいじめが発生していたという大きな数値であった。その後，新聞やテレビ等でいじめ自殺や，いじめ（おどし・暴力）により現金がおどしとられたりする事件が大きく報道されたこともあり，学校やPTA，警察などの連携により強力な

図表8-4　いじめの発生件数（公立学校）

区分		学校数（校）					件数（件）				
		総数	小学校	中学校	高校	特別支援学校	総数	小学校	中学校	高校	特別支援学校
発生	1985	21,899	12,968	7,113	1,818	—	155,066	96,457	52,891	5,718	—
	1990	7,454	3,163	3,403	888	—	24,308	9,035	13,121	2,152	—
	1995	16,192	8,284	6,160	1,650	98	60,096	26,614	29,069	4,184	229
	2000	9,345	3,531	4,606	1,151	57	30,918	9,114	19,371	2,327	106
	2005	7,378	2,579	3,538	1,223	38	20,143	5,087	12,794	2,191	71
認知	2007	17,624	8,778	6,640	2,076	130	97,400	48,526	42,122	6,418	334
	2008	16,107	7,437	6,230	2,321	119	84,648	40,807	36,795	6,737	309
	2011	14,034	6,846	5,387	1,664	137	67,322	32,705	29,636	4,648	333
	2012	20,817	11,054	7,104	2,404	255	191,003	116,258	60,931	13,009	805

注）1　1985年度は，4月1日〜10月31日の値。
　　2　2005年度までは，発生学校数と発生件数。2006年度からは，いじめを「当該児童生徒が，一定の人間関係のある者から，心理的，物理的な攻撃を受けたことにより，精神的な苦痛を感じているもの。なお起こった場所は学校の内外を問わない」として認知学校数と認知件数を調査。
　　3　2012年度は速報値。2010年度は東日本大震災の影響により回答不能であった学校を除く。
資料）文部科学省初等中等教育局「児童生徒の問題行動等生徒指導上の諸問題に関する調査」
出所）『日本子ども資料年鑑　2014』中央出版，p.354を一部修正

封じ込めが行われ，表面的にはいじめの件数は大幅に減少した。

しかし，小学生，中学生などの少子化の進行にもかかわらず，2012年度でも，小学校116,258件，中学校60,931件，高等学校13,009件，特別支援学校805件で，総計191,003件ものいじめが報告され，近年ではまた急増の傾向にある。

文部省の当初のいじめの定義は「①自分より弱い者に対して一方的に，②身体的・心理的な攻撃を継続的に加え，③相手が深刻な苦痛を感じているものであって，④学校としてその事実を確認しているもの，なお起こった場所は学校の内外を問わないものとする」とするものであった。当時は，学校が把握していないいじめはこの件数に入らないのであるから，地域の実態としてはその何倍ものいじめがあるのではないかと推測されることが大きな問題であった。

その後，1994年度からは文部省はいじめの定義から「学校として事実を確認しているもの」という文言を削除し，いじめられた児童，生徒の立場にたってその事実認定を行うよう学校を指導するようになった。さらに，いじめの定義は2006（平成18）年度からは「当該児童生徒が，一定の人間関係のある者から，心理的，物理的な攻撃を受けたことにより精神的な苦痛を感じているもの」とされ，以前の定義にあった「一方的」「継続的」「深刻な」といったあいまいな言葉が削除され，その対象範囲を広げた。

今日では，インターネットや携帯電話等による新しいかたちのいじめも増えており，学校裏サイトや匿名掲示板などでの被害者の誹謗・中傷，さらには「なりすましメール」などの陰湿で手の込んだものまで増加しており，いじめ自殺も起こっている。学校関係者だけでなく，警察やネット事業者などを含めた社会的な対策が必要になっている。

こうした状況を受けて新たに，2013（平成 25）年度から施行された「いじめ防止対策推進法」では，いじめの定義は，「児童生徒に対して，当該児童生徒が在籍する学校に在籍している等当該児童生徒と一定の人的関係のある他の児童生徒が行う心理又は物理的な影響を与える行為（インターネットを通じて行われるものを含む。）であって，当該行為の対象となった児童生徒が心身の苦痛を感じているもの」とされ，「起こった場所は学校の内外は問わない」とされている。いじめの中には犯罪行為そのものと区別できないような悪質なものも多く，保護者や被害児童の意向も配慮しながら，警察などとの協力もその根絶には必要とされている。

　いじめは被害をうけた児童生徒には心に大きな傷を生むことが多いものである。後の成長過程でトラウマ（心的外傷後遺症）となり，抑うつ，対人恐怖，人間不信，イライラ，不安，不登校などの一次障害のみならず，その後に続く自尊心や自己肯定観の低下等の，時には児童の成人後までつづく二次障害の問題も大きい。

　いじめ問題を教師や教育のあり方，心の問題とだけするのでなく，「子ども権利オンブズパーソン」制度などの開かれた社会的なシステムを考えることも施設や学校では必要である。いじめの問題の解決には，教師と児童，学校と家庭の深い信頼関係をどのようにして築くかということが根本の課題となる。その関係の構築のために，専門家としてスクールソーシャルワーカー等の児童福祉関係者のかかわることへの期待も大きい。

(2)　不登校児童の問題と福祉課題

　不登校児童の存在は 60 年代から一部の教育関係者では知られていた問題であった。当初は「学校恐怖症」として主として精神医療の対

象とされる児童の問題であった。その後，その存在が「登校拒否児」として大きな社会問題になったのは，いじめ問題とほぼ同じ80年代中期頃からのことである。社会問題となった背景には，不登校児童（登校拒否児）への民間の矯正機関による「治療」に名を借りた暴力的な「しごき」による死亡事件などの不幸なできごともあった。

　不登校が問題になりだした80年代当初，文部省（当時）では不登校児童は，年間50日以上休む長期欠席児童の中の「学校嫌いを理由に学校を休みがちになる児童」と考えていた。しかし，実際には不登校になる理由は学校だけが原因ではないことが広く知られるようになった。そのため，その増加に対応して1992年に文部省（当時）の中につくられた調査研究協力者会議は，登校拒否を，「①どの子にも起こり得る，②学校，教師の努力，工夫が必要，③地域の関連機関の連携が必要，④学校復帰を目的とせず，自立（適応指導）の施策を考える必要がある」とした報告書を提出した。

　不登校（登校拒否）がどの子にも起こり得る問題とされたことで，不登校児の問題は特定の原因による病気として医療の対象となる児童問題ではなく，教育や児童福祉の課題に転換したのである。また，この頃から文部省の登校拒否という言葉に代えて，厚生省の不登校という言葉が広く一般に使われるようになってきた。

　1991年度からは文部省はその概念を年間30日以上欠席する児童にまで拡大し，病気や経済的理由，その他特別の理由のある児童を除いた者をその範疇（はんちゅう）とした。1993年には小学校，中学校あわせて，約66,817人だった不登校児童は，2012年度では文部科学省の統計では図表8－5のように約11.3万人にまで増加している。

　不登校になるきっかけと継続している理由にはさまざまな要因が重なっていると考えられるが，文部科学省の分類では，中学生では図表

図表8-5　不登校児童生徒数の推移（30日以上）

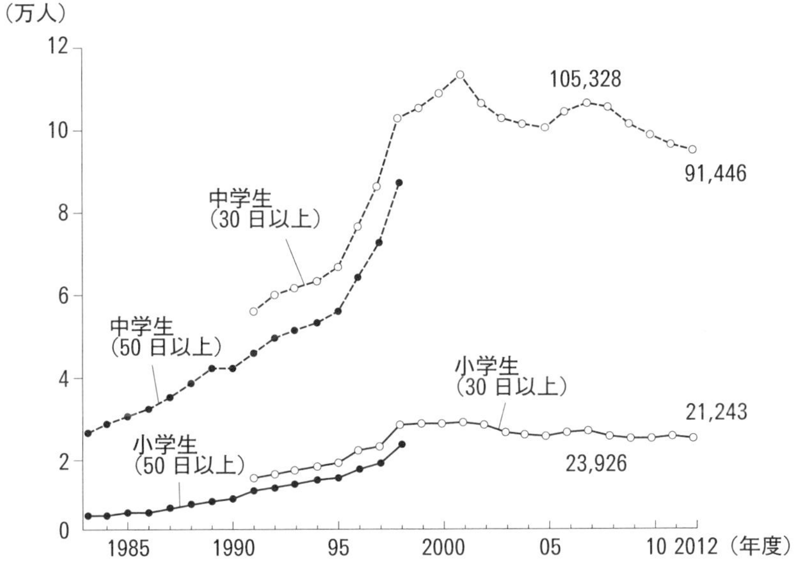

	1991年度	1998年度	2007年度	2012年度
小学校	12,645	26,017	23,926	21,243
中学校	54,172	101,675	105,328	91,446
計	66,817	127,692	129,254	112,689

資料）文部科学省「生徒指導上の諸問題の現状と文部科学省の施策について」
出所）図表8-4と同じ，p.349から作成

8-6のように分類されている。複数回答であるがこれを大別すれば，①友人関係を含めて学校生活に起因すると考えられる問題，②家庭生活に起因する問題，③病気による欠席も含め本人に原因があると考えられる，が主な理由である。友人関係の中には，先に述べたいじめ問題も含まれている。

具体的な不登校児童への行政対応をみると，都道府県の教育委員会では，不登校児童の割合の高い中学校を対象に1998年度から「心の教室」整備事業をはじめ，現在では全国の公立中学校にひろげつつある。また，80年代末頃から各地の市町村教育（相談）センターなど

図表 8 − 6　不登校の継続理由別生徒数と割合

(平成 25 年度)

区　　　　分	中　学　生
い　　じ　　め	1,923人　(2.1%)
いじめを除く他の生徒との関係	14,382　(15.7)
教　職　員　と　の　関　係	1,346　(1.5)
そ の 他 の 学 校 生 活 上 の 影 響	16,694　(18.2)
家 庭 の 生 活 環 境 の 急 激 な 変 化	4,326　(4.7)
親 子 関 係 を め ぐ る 問 題	8,175　(8.9)
家　庭　内　の　不　和	3,430　(3.8)
あ　そ　び　・　非　行	10,397　(11.4)
無　　気　　力	24,149　(26.4)
不 安 な ど 情 緒 的 混 乱	22,982　(25.1)
意　図　的　な　拒　否	4,257　(4.7)
そ の 他 病 気 ・ 不 明 等	14,290　(15.6)
不　登　校　生　徒　数	91,446　(100.0)

注）国・公・私立中学校合計複数回答。（　）は，各区分における不登校生徒数に対する割合。
資料）文部科学省初等中等教育局「生徒指導上の諸問題の現状について」2013 年
出所）図表 8 − 4 と同じ，p.351 から作成

での「適応指導教室」などでの活動も活発化している。民間のフリースクールや相談・クリニック活動なども活発化しており，不登校児童を支える活動は全国化している。

　一方，厚生省（当時）による不登校児童への対応が本格的にはじまったのは，1994 年の「ひきこもり・不登校児童福祉対策モデル事業」によってである。そこでは，「不安，無気力，かん黙，心身症状を示し不登校の状態にある児童に対し，教育分野との連携を図りつつ，児童相談所や児童養護施設，情緒障害児短期治療施設等の機能を十分活用し，児童およびその家族に対する総合的な援助を行う」とされ，施設機能の活用による不登校児童対策が考えられていた。

　モデル事業では，①ふれあい心の友（メンタルフレンド）訪問援助事業，

②不登校児童宿泊等指導事業などが児童相談所を中心に展開された。その後，1997年の児童福祉法の改正では，不登校児童のために児童自立支援施設の活用なども構想されたが関係者の反対で実現しなかった。近年では，各中学校を中心にスクールカウンセラーなどがおかれるようになってきたこともあり，不登校児童対策は各学校単位で展開されることが増加し，福祉施設や児童相談所での集団指導やキャンプ活動などは縮小する傾向にある。

　不登校については，その原因・様態から，①情緒的混乱型，②無気力型，③遊び・非行型などと分類することも行われるが，それぞれについて不登校になる前の状況，学校を休んでいる時の状況，登校への働きかけ（刺激）に対する反応などの違いに応じた一人ひとり異なった対応が福祉と教育関係者に求められている。不登校児の問題は広く学校生活と家庭生活の両面にかかわる問題であることから，2008年度からは，スクールカウンセラーに加えてスクールソーシャルワーカーがおかれることになり，さらに2016年度からは，その活用が全国の中学校に拡大された。また，学籍は地域の小・中学校に置いて，フリースクール等への出席で登校とみなす現行の措置を一歩すすめて，フリースクールそのものを学校と認めるための議論も行われている。

(3)　非行児童の問題と福祉課題

　非行児童の概念は盗みや恐喝，集団暴走行為などの明確な犯罪行為から，いじめや家庭内暴力，シンナーや薬物乱用などの問題行動までその範囲は広い。しかも，非行は一般的には他人に迷惑をかける反社会的行動であり，逸脱行動であると考えられているが，その範疇（はんちゅう）はその時代の社会規範の影響を受けるので，非行行動の定義は必ずしも明確にならない場合もある。

非行児童(少年)の歴史をふりかえると,戦後のわが国では,1950年前後の戦後混乱期における「生活型非行」,1964年前後における「反抗型非行」,1983年前後の「遊び型非行」といわれる3つの大きな波があり,その後非行件数は低下していたが,再び1995年頃以後今日では,少年犯罪の低年齢化,普通の子の「とつぜんきれる」問題行動などの多様な特徴をもつ戦後4番目といわれる大きな波に直面している。近年では,少年によるインターネットを使った犯罪も増加している。

　近年における非行児童(少年)の補導状況を示したものが図表8-7である。近年は少子化にともない,件数,重大事犯ともに減少している。

　非行少年に対応する援助体系は,図表8-8のように,少年法の規定にもとづく満14歳以上の重大な犯罪ケースを内容とする少年に対する司法体系と,家庭環境に原因があると考えられる児童や比較的低年齢の児童を対象に児童福祉法による福祉的な保護体系とに大別される。

　このうち,司法体系による少年法の刑事罰の対象年齢が,2001年4月からそれまでの満16歳から満14歳以上に引き下げられ,16歳以上の重大犯罪を犯した少年については家庭裁判所から検察官に身柄を戻す「逆送」という処分により成人と同様に刑事裁判を受けさせる

図表8-7　非行少年等の補導状況の推移

(単位　人)

	平成22年('10)	23('11)	24('12)	25('13)	26('14)
刑法犯少年	85,846	77,696	65,448	56,469	48,361
特別法犯少年	7,477	8,033	6,578	5,830	5,720
触法少年(刑法)	17,727	16,616	13,945	12,592	11,846
触法少年(特別法)	787	977	1,076	941	801
虞(ぐ)犯少年	1,250	1,016	993	959	1,066
不良行為少年	1,011,964	1,013,167	917,926	809,652	731,174

資料)警察庁「少年非行等の概要」
出所)厚生労働統計協会編『国民の福祉と介護の動向(2015/2016)』p.105

図表 8 − 8　非行傾向のある児童への福祉的対応

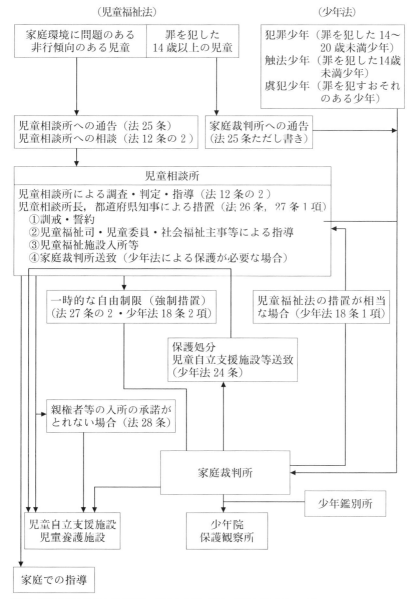

出所）厚生労働統計協会編『国民の福祉と介護の動向（2015/2016）』p.105

ものとされた。

　これらの14歳以上の犯罪を犯した少年を矯正する目的で従来から全国52カ所に設置されていたものが初等，中等，特別，医療の4種類の少年院であった。しかし，そうした呼称はいわれのない差別意識を生み，一部の少年には少年院を出てからの「箔付(はく)け」に使われているなどとする批判が高まり，少年法が2014年に改正され，2015年6月からは，初等少年院と中等少年院を統合し第1種少年院とし，特別少年院は第2種少年院，医療少年院は第3種少年院とその体系と名称が変更された。

　児童福祉法による福祉的対応には第3章の第1節で説明したように，児童相談所の調査・判定にもとづいた措置・処分としての訓戒や誓約書の提出，児童福祉司等による指導，施設入所措置，家庭裁判所への送致などがある。児童相談所での非行相談は2013年度で全国で約17,020件程度であり，そのうち864件が児童自立支援施設や児童養護施設への入所措置となっている。家庭での教育，更生機能が十分期待できないと考えられるような環境下の児童では，家庭に代わるものとしてやむを得ず一時的に施設への入所が決定されるケースも多い。

　児童・家庭福祉としての非行問題を考える場合には，非行問題での児童に日常的に接触している家庭や学校，地域社会などの児童へのかかわりの姿勢が問題になる場合は多く，適切なかかわりが求められている。非行児童の中には，児童虐待や不適切な養育を受けてきた児童も多く，家庭支援の視点も必要である。児童の矯正と児童の生活の立て直しのためには，児童やその家庭を地域社会から排除してしまうという発想ではなく，児童にかかわる関連機関の強い連携，協力により家族も含め，児童の生活の場，学びの場を地域で保障するという総合的な支援体制づくりが必要である。

参考資料

子どもの権利条約(児童の権利に関する条約)(抜粋)

子どもの権利条約（児童の権利に関する条約）（抜粋）

$$\begin{pmatrix}平成六・五・一六\\条　約　二　号\end{pmatrix}$$

1989・11・20
　　　　　　　　　　　　　　　　　　国際連合総会第 44 会期採択
1994・5・22　日本国について発効
　　　　　　　　　最新改正　平成 15 条約 3・外告 183

各条文の〔　〕内の見出しは，国際教育法研究会訳「子どもの権利に関する条約」による。

　前　文

この条約の締約国は，
　国際連合憲章において宣明された原則によれば，人類社会のすべての構成員の固有の尊厳及び平等のかつ奪い得ない権利を認めることが世界における自由，正義及び平和の基礎を成すものであることを考慮し，
　国際連合加盟国の国民が，国際連合憲章において，基本的人権並びに人間の尊厳及び価値に関する信念を改めて確認し，かつ，一層大きな自由の中で社会的進歩及び生活水準の向上を促進することを決意したことに留意し，
　国際連合が，世界人権宣言及び人権に関する国際規約において，すべての人は人種，皮膚の色，性，言語，宗教，政治的意見その他の意見，国民的若しくは社会的出身，財産，出生又は他の地位等によるいかなる差別もなしに同宣言及び同規約に掲げるすべての権利及び自由を享有することができることを宣明し及び合意したことを認め，
　国際連合が，世界人権宣言において，児童は特別な保護及び援助についての権利を享有することができることを宣明したことを想起し，
　家族が，社会の基礎的な集団として，並びに家族のすべての構成員特に児童の成長及び福祉のための自然な環境として，社会においてその責任を十分に引き受けることができるよう必要な保護及び援助を与えられるべきであることを確信し，
　児童が，その人格の完全なかつ調和のとれた発達のため，家庭環境の下で幸福，愛情及び理解のある雰囲気の中で成長すべきであることを認め，
　児童が，社会において個人として生活するため十分な準備が整えられるべきであり，かつ，国際連合憲章において宣明された理想の精神並びに特に平和，尊厳，寛容，自由，平等及び連帯の精神に従って育てられるべきであることを考慮し，
　児童に対して特別な保護を与えることの必要性が，千九百二十四年の児童の権利に関するジュネーヴ宣言及び千九百五十九年十一月二十日に国際連合総会で採択された児童の権利に関する宣言において述べられており，また，世界人権宣言，市民的及び政治的権利に関する国際規約（特に第二十三条及び第二十四条），経済的，社会的及び文化的権利に関する国際規約（特に第十条）並びに児童の福祉に関係する専門機関及び国際機関の規程及び関連文書において認められていることに留意し，
　児童の権利に関する宣言において示されているとおり「児童は，身体的及び精神的に未熟であるため，その出生の前後において，適当な法的保護を含む特別な保護及び世話を必要とする。」ことに留意し，

国内の又は国際的な里親委託及び養子縁組を特に考慮した児童の保護及び福祉についての社会的及び法的な原則に関する宣言，少年司法の運用のための国際連合最低基準規則（北京規則）及び緊急事態及び武力紛争における女子及び児童の保護に関する宣言の規定を想起し，
　極めて困難な条件の下で生活している児童が世界のすべての国に存在すること，また，このような児童が特別の配慮を必要としていることを認め，
　児童の保護及び調和のとれた発達のために各人民の伝統及び文化的価値が有する重要性を十分に考慮し，
　あらゆる国特に開発途上国における児童の生活条件を改善するために国際協力が重要であることを認めて，
　次のとおり協定した。

　　第一部
第一条〔子どもの定義〕
　この条約の適用上，児童とは，十八歳未満のすべての者をいう。ただし，当該児童で，その者に適用される法律によりより早く成年に達したものを除く。
第二条〔差別の禁止〕
1　締約国は，その管轄の下にある児童に対し，児童又はその父母若しくは法定保護者の人種，皮膚の色，性，言語，宗教，政治的意見その他の意見，国民的，種族的若しくは社会的出身，財産，心身障害，出生又は他の地位にかかわらず，いかなる差別もなしにこの条約に定める権利を尊重し，及び確保する。
2　締約国は，児童がその父母，法定保護者又は家族の構成員の地位，活動，表明した意見又は信念によるあらゆる形態の差別又は処罰から保護されることを確保するためのすべての適当な措置をとる。
第三条〔子どもの最善の利益〕
1　児童に関するすべての措置をとるに当たっては，公的若しくは私的な社会福祉施設，裁判所，行政当局又は立法機関のいずれによって行われるものであっても，児童の最善の利益が主として考慮されるものとする。
2　締約国は，児童の父母，法定保護者又は児童について法的に責任を有する他の者の権利及び義務を考慮に入れて，児童の福祉に必要な保護及び養護を確保することを約束し，このため，すべての適当な立法上及び行政上の措置をとる。
3　締約国は，児童の養護又は保護のための施設，役務の提供及び設備が，特に安全及び健康の分野に関し並びにこれらの職員の数及び適格性並びに適正な監督に関し権限のある当局の設定した基準に適合することを確保する。
第四条〔締約国の実施義務〕
　締約国は，この条約において認められる権利の実現のため，すべての適当な立法措置，行政措置その他の措置を講ずる。締約国は，経済的，社会的及び文化的権利に関しては，自国における利用可能な手段の最大限の範囲内で，また，必要な場合には国際協力の枠内で，これらの措置を講ずる。
第五条〔親の指導の尊重〕
　締約国は，児童がこの条約において認められる権利を行使するに当たり，父母若しくは場合により地方の慣習により定められている大家族若しくは共同体の構成員，法定保

護者又は児童について法的に責任を有する他の者がその児童の発達しつつある能力に適合する方法で適当な指示及び指導を与える責任，権利及び義務を尊重する。

第六条〔生命への権利，生存・発達の確保〕
1 　締約国は，すべての児童が生命に対する固有の権利を有することを認める。
2 　締約国は，児童の生存及び発達を可能な最大限の範囲において確保する。

第七条〔名前・国籍を得る権利，親を知り養育される権利〕
1 　児童は，出生の後直ちに登録される。児童は，出生の時から氏名を有する権利及び国籍を取得する権利を有するものとし，また，できる限りその父母を知りかつその父母によって養育される権利を有する。
2 　締約国は，特に児童が無国籍となる場合を含めて，国内法及びこの分野における関連する国際文書に基づく自国の義務に従い，1の権利の実現を確保する。

第八条〔アイデンティティの保全〕
1 　締約国は，児童が法律によって認められた国籍，氏名及び家族関係を含むその身元関係事項について不法に干渉されることなく保持する権利を尊重することを約束する。
2 　締約国は，児童がその身元関係事項の一部又は全部を不法に奪われた場合には，その身元関係事項を速やかに回復するため，適当な援助及び保護を与える。

第九条〔親からの分離禁止と分離のための手続〕
1 　締約国は，児童がその父母の意思に反してその父母から分離されないことを確保する。ただし，権限のある当局が司法の審査に従うことを条件として適用のある法律及び手続に従いその分離が児童の最善の利益のために必要であると決定する場合は，この限りでない。このような決定は，父母が児童を虐待し若しくは放置する場合又は父母が別居しており児童の居住地を決定しなければならない場合のような特定の場合において必要となることがある。
2 　すべての関係当事者は，1の規定に基づくいかなる手続においても，その手続に参加しかつ自己の意見を述べる機会を有する。
3 　締約国は，児童の最善の利益に反する場合を除くほか，父母の一方又は双方から分離されている児童が定期的に父母のいずれとも人的な関係及び直接の接触を維持する権利を尊重する。
4 　3の分離が，締約国がとった父母の一方若しくは双方又は児童の抑留，拘禁，追放，退去強制，死亡（その者が当該締約国により身体を拘束されている間に何らかの理由により生じた死亡を含む。）等のいずれかの措置に基づく場合には，当該締約国は，要請に応じ，父母，児童又は適当な場合には家族の他の構成員に対し，家族のうち不在となっている者の所在に関する重要な情報を提供する。ただし，その情報の提供が児童の福祉を害する場合は，この限りでない。締約国は，更に，その要請の提出自体が関係者に悪影響を及ぼさないことを確保する。

第十条〔家族再会のための出入国〕
1 　前条1の規定に基づく締約国の義務に従い，家族の再統合を目的とする児童又はその父母による締約国への入国又は締約国からの出国の申請については，締約国が積極的，人道的かつ迅速な方法で取り扱う。締約国は，更に，その申請の提出が申請者及びその家族の構成員に悪影響を及ぼさないことを確保する。
2 　父母と異なる国に居住する児童は，例外的な事情がある場合を除くほか定期的に父母との人的な関係及び直接の接触を維持する権利を有する。このため，前条1の規定

に基づく締約国の義務に従い，締約国は，児童及びその父母がいずれの国（自国を含む。）からも出国し，かつ，自国に入国する権利を尊重する。出国する権利は，法律で定められ，国の安全，公の秩序，公衆の健康若しくは道徳又は他の者の権利及び自由を保護するために必要であり，かつ，この条約において認められる他の権利と両立する制限にのみ従う。

第十一条〔国外不法移送・不返還の防止〕
1　締約国は，児童が不法に国外へ移送されることを防止し及び国外から帰還することができない事態を除去するための措置を講ずる。
2　このため，締約国は，二国間若しくは多数国間の協定の締結又は現行の協定への加入を促進する。

第十二条〔意見表明権〕
1　締約国は，自己の意見を形成する能力のある児童がその児童に影響を及ぼすすべての事項について自由に自己の意見を表明する権利を確保する。この場合において，児童の意見は，その児童の年齢及び成熟度に従って相応に考慮されるものとする。
2　このため，児童は，特に，自己に影響を及ぼすあらゆる司法上及び行政上の手続において，国内法の手続規則に合致する方法により直接に又は代理人若しくは適当な団体を通じて聴取される機会を与えられる。

第十三条〔表現・情報の自由〕
1　児童は，表現の自由についての権利を有する。この権利には，口頭，手書き若しくは印刷，芸術の形態又は自ら選択する他の方法により，国境とのかかわりなく，あらゆる種類の情報及び考えを求め，受け及び伝える自由を含む。
2　1の権利の行使については，一定の制限を課することができる。ただし，その制限は，法律によって定められ，かつ，次の目的のために必要とされるものに限る。
　(a)　他の者の権利又は信用の尊重
　(b)　国の安全，公の秩序又は公衆の健康若しくは道徳の保護

第十四条〔思想・良心・宗教の自由〕
1　締約国は，思想，良心及び宗教の自由についての児童の権利を尊重する。
2　締約国は，児童が1の権利を行使するに当たり，父母及び場合により法定保護者が児童に対しその発達しつつある能力に適合する方法で指示を与える権利及び義務を尊重する。
3　宗教又は信念を表明する自由については，法律で定める制限であって公共の安全，公の秩序，公衆の健康若しくは道徳又は他の者の基本的な権利及び自由を保護するために必要なもののみを課することができる。

第十五条〔結社・集会の自由〕
1　締約国は，結社の自由及び平和的な集会の自由についての児童の権利を認める。
2　1の権利の行使については，法律で定める制限であって国の安全若しくは公共の安全，公の秩序，公衆の健康若しくは道徳の保護又は他の者の権利及び自由の保護のため民主的社会において必要なもの以外のいかなる制限も課することができない。

第十六条〔プライバシィ・通信・名誉の保護〕
1　いかなる児童も，その私生活，家族，住居若しくは通信に対して恣意的に若しくは不法に干渉され又は名誉及び信用を不法に攻撃されない。
2　児童は，1の干渉又は攻撃に対する法律の保護を受ける権利を有する。

第十七条〔マス・メディアへのアクセス〕

締約国は,大衆媒体(マス・メディア)の果たす重要な機能を認め,児童が国の内外の多様な情報源からの情報及び資料,特に児童の社会面,精神面及び道徳面の福祉並びに心身の健康の促進を目的とした情報及び資料を利用することができることを確保する。このため,締約国は,

(a) 児童にとって社会面及び文化面において有益であり,かつ,第二十九条の精神に沿う情報及び資料を大衆媒体(マス・メディア)が普及させるよう奨励する。
(b) 国の内外の多様な情報源(文化的にも多様な情報源を含む。)からの情報及び資料の作成,交換及び普及における国際協力を奨励する。
(c) 児童用書籍の作成及び普及を奨励する。
(d) 少数集団に属し又は原住民である児童の言語上の必要性について大衆媒体(マス・メディア)が特に考慮するよう奨励する。
(e) 第十三条及び次条の規定に留意して,児童の福祉に有害な情報及び資料から児童を保護するための適当な指針を発展させることを奨励する。

第十八条〔親の第一次的養育責任と国の援助〕

1 締約国は,児童の養育及び発達について父母が共同の責任を有するという原則についての認識を確保するために最善の努力を払う。父母又は場合により法定保護者は,児童の養育及び発達についての第一義的な責任を有する。児童の最善の利益は,これらの者の基本的な関心事項となるものとする。

2 締約国は,この条約に定める権利を保障し及び促進するため,父母及び法定保護者が児童の養育についての責任を遂行するに当たりこれらの者に対して適当な援助を与えるものとし,また,児童の養護のための施設,設備及び役務の提供の発展を確保する。

3 締約国は,父母が働いている児童が利益する資格を有する児童の養護のための役務の提供及び設備からその児童が便益を受ける権利を有することを確保するためのすべての適当な措置をとる。

第十九条〔親による虐待・放任・搾取からの保護〕

1 締約国は,児童が父母,法定保護者又は児童を監護する他の者による監護を受けている間において,あらゆる形態の身体的若しくは精神的な暴力,傷害若しくは虐待,放置若しくは怠慢な取扱い,不当な取扱い又は搾取(性的虐待を含む。)からその児童を保護するためすべての適当な立法上,行政上,社会上及び教育上の措置をとる。

2 1の保護措置には,適当な場合には,児童及び児童を監護する者のために必要な援助を与える社会的計画の作成その他の形態による防止のための効果的な手続並びに1に定める児童の不当な取扱いの事件の発見,報告,付託,調査,処置及び事後措置並びに適当な場合には司法の関与に関する効果的な手続を含むものとする。

第二十条〔家庭環境を奪われた子どもの養護〕

1 一時的若しくは恒久的にその家庭環境を奪われた児童又は児童自身の最善の利益にかんがみその家庭環境にとどまることが認められない児童は,国が与える特別の保護及び援助を受ける権利を有する。

2 締約国は,自国の国内法に従い,1の児童のための代替的な監護を確保する。

3 2の監護には,特に,里親委託,イスラム法のカファーラ,養子縁組又は必要な場合には児童の監護のための適当な施設への収容を含むことができる。解決策の検討に

当たっては，児童の養育において継続性が望ましいこと並びに児童の種族的，宗教的，文化的及び言語的な背景について，十分な考慮を払うものとする。

第二十一条〔養子縁組〕

養子縁組の制度を認め又は許容している締約国は，児童の最善の利益について最大の考慮が払われることを確保するものとし，また，

(a) 児童の養子縁組が権限のある当局によってのみ認められることを確保する。この場合において，当該権限のある当局は，適用のある法律及び手続に従い，かつ，信頼し得るすべての関連情報に基づき，養子縁組が父母，親族及び法定保護者に関する児童の状況にかんがみ許容されること並びに必要な場合には，関係者が所要のカウンセリングに基づき養子縁組について事情を知らされた上での同意を与えていることを認定する。

(b) 児童がその出身国内において里親若しくは養家に託され又は適切な方法で監護を受けることができない場合には，これに代わる児童の監護の手段として国際的な養子縁組を考慮することができることを認める。

(c) 国際的な養子縁組が行われる児童が国内における養子縁組の場合における保護及び基準と同等のものを享受することを確保する。

(d) 国際的な養子縁組において当該養子縁組が関係者に不当な金銭上の利得をもたらすことがないことを確保するためのすべての適当な措置をとる。

(e) 適当な場合には，二国間又は多数国間の取決め又は協定を締結することによりこの条の目的を促進し，及びこの枠組みの範囲内で他国における児童の養子縁組が権限のある当局又は機関によって行われることを確保するよう努める。

第二十二条〔難民の子どもの保護・援助〕

1 締約国は，難民の地位を求めている児童又は適用のある国際法及び国際的な手続若しくは国内法及び国内的な手続に基づき難民と認められている児童が，父母又は他の者に付き添われているかいないかを問わず，この条約及び自国が締約国となっている人権又は人道に関する他の国際文書に定める権利であって適用のあるものの享受に当たり，適当な保護及び人道的援助を受けることを確保するための適当な措置をとる。

2 このため，締約国は，適当と認める場合には，1の児童を保護し及び援助するため，並びに難民の児童の家族との再統合に必要な情報を得ることを目的としてその難民の児童の父母又は家族の他の構成員を捜すため，国際連合及びこれと協力する他の権限のある政府間機関又は関係非政府機関による努力に協力する。その難民の児童は，父母又は家族の他の構成員が発見されない場合には，何らかの理由により恒久的又は一時的にその家庭環境を奪われた他の児童と同様にこの条約に定める保護が与えられる。

第二十三条〔障害児の権利〕

1 締約国は，精神的又は身体的な障害を有する児童が，その尊厳を確保し，自立を促進し及び社会への積極的な参加を容易にする条件の下で十分かつ相応な生活を享受すべきであることを認める。

2 締約国は，障害を有する児童が特別の養護についての権利を有することを認めるものとし，利用可能な手段の下で，申込みに応じた，かつ，当該児童の状況及び父母又は当該児童を養護している他の者の事情に適した援助を，これを受ける資格を有する児童及びこのような児童の養護について責任を有する者に与えることを奨励し，かつ，確保する。

3　障害を有する児童の特別な必要を認めて，2の規定に従って与えられる援助は，父母又は当該児童を養護している他の者の資力を考慮して可能な限り無償で与えられるものとし，かつ，障害を有する児童が可能な限り社会への統合及び個人の発達（文化的及び精神的な発達を含む。）を達成することに資する方法で当該児童が教育，訓練，保健サービス，リハビリテーション・サービス，雇用のための準備及びレクリエーションの機会を実質的に利用し及び享受することができるように行われるものとする。

4　締約国は，国際協力の精神により，予防的な保健並びに障害を有する児童の医学的，心理学的及び機能的治療の分野における適当な情報の交換（リハビリテーション，教育及び職業サービスの方法に関する情報の普及及び利用を含む。）であってこれらの分野における自国の能力及び技術を向上させ並びに自国の経験を広げることができるようにすることを目的とするものを促進する。これに関しては，特に，開発途上国の必要を考慮する。

第二十四条〔健康・医療への権利〕

1　締約国は，到達可能な最高水準の健康を享受すること並びに病気の治療及び健康の回復のための便宜を与えられることについての児童の権利を認める。締約国は，いかなる児童もこのような保健サービスを利用する権利が奪われないことを確保するために努力する。

2　締約国は，1の権利の完全な実現を追求するものとし，特に，次のことのための適当な措置をとる。

(a)　幼児及び児童の死亡率を低下させること。

(b)　基礎的な保健の発展に重点を置いて必要な医療及び保健をすべての児童に提供することを確保すること。

(c)　環境汚染の危険を考慮に入れて，基礎的な保健の枠組みの範囲内で行われることを含めて，特に容易に利用可能な技術の適用により並びに十分に栄養のある食物及び清潔な飲料水の供給を通じて，疾病及び栄養不良と戦うこと。

(d)　母親のための産前産後の適当な保健を確保すること。

(e)　社会のすべての構成員特に父母及び児童が，児童の健康及び栄養，母乳による育児の利点，衛生（環境衛生を含む。）並びに事故の防止についての基礎的な知識に関して，情報を提供され，教育を受ける機会を有し及びその知識の使用について支援されることを確保すること。

(f)　予防的な保健，父母のための指導並びに家族計画に関する教育及びサービスを発展させること。

3　締約国は，児童の健康を害するような伝統的な慣行を廃止するため，効果的かつ適当なすべての措置をとる。

4　締約国は，この条において認められる権利の完全な実現を漸進的に達成するため，国際協力を促進し及び奨励することを約束する。これに関しては，特に，開発途上国の必要を考慮する。

第二十五条〔医療施設等に措置された子どもの定期的審査〕

　締約国は，児童の身体又は精神の養護，保護又は治療を目的として権限のある当局によって収容された児童に対する処遇及びその収容に関連する他のすべての状況に関する定期的な審査が行われることについての児童の権利を認める。

第二十六条〔社会保障への権利〕

1　締約国は，すべての児童が社会保険その他の社会保障からの給付を受ける権利を認めるものとし，自国の国内法に従い，この権利の完全な実現を達成するための必要な措置をとる。
2　1の給付は，適当な場合には，児童及びその扶養について責任を有する者の資力及び事情並びに児童によって又は児童に代わって行われる給付の申請に関する他のすべての事項を考慮して，与えられるものとする。

第二十七条〔生活水準への権利〕

1　締約国は，児童の身体的，精神的，道徳的及び社会的な発達のための相当な生活水準についてのすべての児童の権利を認める。
2　父母又は児童について責任を有する他の者は，自己の能力及び資力の範囲内で，児童の発達に必要な生活条件を確保することについての第一義的な責任を有する。
3　締約国は，国内事情に従い，かつ，その能力の範囲内で，1の権利の実現のため，父母及び児童について責任を有する他の者を援助するための適当な措置をとるものとし，また，必要な場合には，特に栄養，衣類及び住居に関して，物的援助及び支援計画を提供する。
4　締約国は，父母又は児童について金銭上の責任を有する他の者から，児童の扶養料を自国内で及び外国から，回収することを確保するためのすべての適当な措置をとる。特に，児童について金銭上の責任を有する者が児童と異なる国に居住している場合には，締約国は，国際協定への加入又は国際協定の締結及び他の適当な取決めの作成を促進する。

第二十八条〔教育への権利〕

1　締約国は，教育についての児童の権利を認めるものとし，この権利を漸進的にかつ機会の平等を基礎として達成するため，特に，
　(a)　初等教育を義務的なものとし，すべての者に対して無償のものとする。
　(b)　種々の形態の中等教育（一般教育及び職業教育を含む。）の発展を奨励し，すべての児童に対し，これらの中等教育が利用可能であり，かつ，これらを利用する機会が与えられるものとし，例えば，無償教育の導入，必要な場合における財政的援助の提供のような適当な措置をとる。
　(c)　すべての適当な方法により，能力に応じ，すべての者に対して高等教育を利用する機会が与えられるものとする。
　(d)　すべての児童に対し，教育及び職業に関する情報及び指導が利用可能であり，かつ，これらを利用する機会が与えられるものとする。
　(e)　定期的な登校及び中途退学率の減少を奨励するための措置をとる。
2　締約国は，学校の規律が児童の人間の尊厳に適合する方法で及びこの条約に従って運用されることを確保するためのすべての適当な措置をとる。
3　締約国は，特に全世界における無知及び非識字の廃絶に寄与し並びに科学上及び技術上の知識並びに最新の教育方法の利用を容易にするため，教育に関する事項についての国際協力を促進し，及び奨励する。これに関しては，特に，開発途上国の必要を考慮する。

第二十九条〔教育の目的〕

1　締約国は，児童の教育が次のことを指向すべきことに同意する。
　(a)　児童の人格，才能並びに精神的及び身体的な能力をその可能な最大限度まで発達

させること。
(b) 人権及び基本的自由並びに国際連合憲章にうたう原則の尊重を育成すること。
(c) 児童の父母，児童の文化的同一性，言語及び価値観，児童の居住国及び出身国の国民的価値観並びに自己の文明と異なる文明に対する尊重を育成すること。
(d) すべての人民の間の，種族的，国民的及び宗教的集団の間の並びに原住民である者の間の理解，平和，寛容，両性の平等及び友好の精神に従い，自由な社会における責任ある生活のために児童に準備させること。
(e) 自然環境の尊重を育成すること。
2 この条又は前条のいかなる規定も，個人及び団体が教育機関を設置し及び管理する自由を妨げるものと解してはならない。ただし，常に，1に定める原則が遵守されること及び当該教育機関において行われる教育が国によって定められる最低限度の基準に適合することを条件とする。

第三十条〔少数者・先住民の子どもの権利〕
　種族的，宗教的若しくは言語的少数民族又は原住民である者が存在する国において，当該少数民族に属し又は原住民である児童は，その集団の他の構成員とともに自己の文化を享有し，自己の宗教を信仰しかつ実践し又は自己の言語を使用する権利を否定されない。

第三十一条〔休息・余暇，遊び，文化的・芸術的生活への参加〕
1 締約国は，休息及び余暇についての児童の権利並びに児童がその年齢に適した遊び及びレクリエーションの活動を行い並びに文化的な生活及び芸術に自由に参加する権利を認める。
2 締約国は，児童が文化的及び芸術的な生活に十分に参加する権利を尊重しかつ促進するものとし，文化的及び芸術的な活動並びにレクリエーション及び余暇の活動のための適当かつ平等な機会の提供を奨励する。

第三十二条〔経済的搾取・有害労働からの保護〕
1 締約国は，児童が経済的な搾取から保護され及び危険となり若しくは児童の教育の妨げとなり又は児童の健康若しくは身体的，精神的，道徳的若しくは社会的な発達に有害となるおそれのある労働への従事から保護される権利を認める。
2 締約国は，この条の規定の実施を確保するための立法上，行政上，社会上及び教育上の措置をとる。このため，締約国は，他の国際文書の関連規定を考慮して，特に，
(a) 雇用が認められるための一又は二以上の最低年齢を定める。
(b) 労働時間及び労働条件についての適当な規則を定める。
(c) この条の規定の効果的な実施を確保するための適当な罰則その他の制裁を定める。

第三十三条〔麻薬・向精神薬からの保護〕
　締約国は，関連する国際条約に定義された麻薬及び向精神薬の不正な使用から児童を保護し並びにこれらの物質の不正な生産及び取引における児童の使用を防止するための立法上，行政上，社会上及び教育上の措置を含むすべての適当な措置をとる。

第三十四条〔性的搾取・虐待からの保護〕
　締約国は，あらゆる形態の性的搾取及び性的虐待から児童を保護することを約束する。このため，締約国は，特に，次のことを防止するためのすべての適当な国内，二国間及び多数国間の措置をとる。
(a) 不法な性的な行為を行うことを児童に対して勧誘し又は強制すること。

(b)　売春又は他の不法な性的な業務において児童を搾取的に使用すること。
　(c)　わいせつな演技及び物において児童を搾取的に使用すること。

第三十五条〔誘拐・売買・取引の防止〕
　締約国は，あらゆる目的のための又はあらゆる形態の児童の誘拐，売買又は取引を防止するためのすべての適当な国内，二国間及び多数国間の措置をとる。

第三十六条〔他のあらゆる形態の搾取からの保護〕
　締約国は，いずれかの面において児童の福祉を害する他のすべての形態の搾取から児童を保護する。

第三十七条〔死刑・拷問等の禁止，自由を奪われた子どもの適正な取扱い〕
　締約国は，次のことを確保する。
　(a)　いかなる児童も，拷問又は他の残虐な，非人道的な若しくは品位を傷つける取扱い若しくは刑罰を受けないこと。死刑又は釈放の可能性がない終身刑は，十八歳未満の者が行った犯罪について科さないこと。
　(b)　いかなる児童も，不法に又は恣意的にその自由を奪われないこと。児童の逮捕，抑留又は拘禁は，法律に従って行うものとし，最後の解決手段として最も短い適当な期間のみ用いること。
　(c)　自由を奪われたすべての児童は，人道的に，人間の固有の尊厳を尊重して，かつ，その年齢の者の必要を考慮した方法で取り扱われること。特に，自由を奪われたすべての児童は，成人とは分離されないことがその最善の利益であると認められない限り成人とは分離されるものとし，例外的な事情がある場合を除くほか，通信及び訪問を通じてその家族との接触を維持する権利を有すること。
　(d)　自由を奪われたすべての児童は，弁護人その他適当な援助を行う者と速やかに接触する権利を有し，裁判所その他の権限のある，独立の，かつ，公平な当局においてその自由の剥奪の合法性を争い並びにこれについての決定を速やかに受ける権利を有すること。

第三十八条〔武力紛争における子どもの保護〕
1　締約国は，武力紛争において自国に適用される国際人道法の規定で児童に関係を有するものを尊重し及びこれらの規定の尊重を確保することを約束する。
2　締約国は，十五歳未満の者が敵対行為に直接参加しないことを確保するためのすべての実行可能な措置をとる。
3　締約国は，十五歳未満の者を自国の軍隊に採用することを差し控えるものとし，また，十五歳以上十八歳未満の者の中から採用するに当たっては，最年長者を優先させるよう努める。
4　締約国は，武力紛争において文民を保護するための国際人道法に基づく自国の義務に従い，武力紛争の影響を受ける児童の保護及び養護を確保するためのすべての実行可能な措置をとる。

第三十九条〔犠牲になった子どもの心身の回復と社会復帰〕
　締約国は，あらゆる形態の放置，搾取若しくは虐待，拷問若しくは他のあらゆる形態の残虐な，非人道的な若しくは品位を傷つける取扱い若しくは刑罰又は武力紛争による被害者である児童の身体的及び心理的な回復及び社会復帰を促進するためのすべての適当な措置をとる。このような回復及び復帰は，児童の健康，自尊心及び尊厳を育成する環境において行われる。

第四十条〔少年司法〕
1 締約国は，刑法を犯したと申し立てられ，訴追され又は認定されたすべての児童が尊厳及び価値についての当該児童の意識を促進させるような方法であって，当該児童が他の者の人権及び基本的自由を尊重することを強化し，かつ，当該児童の年齢を考慮し，更に，当該児童が社会に復帰し及び社会において建設的な役割を担うことがなるべく促進されることを配慮した方法により取り扱われる権利を認める。
2 このため，締約国は，国際文書の関連する規定を考慮して，特に次のことを確保する。
  (a) いかなる児童も，実行の時に国内法又は国際法により禁じられていなかった作為又は不作為を理由として刑法を犯したと申し立てられ，訴追され又は認定されないこと。
  (b) 刑法を犯したと申し立てられ又は訴追されたすべての児童は，少なくとも次の保障を受けること。
    (i) 法律に基づいて有罪とされるまでは無罪と推定されること。
    (ii) 速やかにかつ直接に，また，適当な場合には当該児童の父母又は法定保護者を通じてその罪を告げられること並びに防御の準備及び申立てにおいて弁護人その他適当な援助を行う者を持つこと。
    (iii) 事案が権限のある，独立の，かつ，公平な当局又は司法機関により法律に基づく公正な審理において，弁護人その他適当な援助を行う者の立会い及び，特に当該児童の年齢又は境遇を考慮して児童の最善の利益にならないと認められる場合を除くほか，当該児童の父母又は法定保護者の立会いの下に遅滞なく決定されること。
    (iv) 供述又は有罪の自白を強要されないこと。不利な証人を尋問し又はこれに対し尋問させること並びに対等の条件で自己のための証人の出席及びこれに対する尋問を求めること。
    (v) 刑法を犯したと認められた場合には，その認定及びその結果科せられた措置について，法律に基づき，上級の，権限のある，独立の，かつ，公平な当局又は司法機関によって再審理されること。
    (vi) 使用される言語を理解すること又は話すことができない場合には，無料で通訳の援助を受けること。
    (vii) 手続のすべての段階において当該児童の私生活が十分に尊重されること。
3 締約国は，刑法を犯したと申し立てられ，訴追され又は認定された児童に特別に適用される法律及び手続の制定並びに当局及び施設の設置を促進するよう努めるものとし，特に，次のことを行う。
  (a) その年齢未満の児童は刑法を犯す能力を有しないと推定される最低年齢を設定すること。
  (b) 適当なかつ望ましい場合には，人権及び法的保護が十分に尊重されていることを条件として，司法上の手続に訴えることなく当該児童を取り扱う措置をとること。
4 児童がその福祉に適合し，かつ，その事情及び犯罪の双方に応じた方法で取り扱われることを確保するため，保護，指導及び監督命令，カウンセリング，保護観察，里親委託，教育及び職業訓練計画，施設における養護に代わる他の措置等の種々の処置が利用し得るものとする。

第四十一条〔既存の権利の確保〕
　この条約のいかなる規定も，次のものに含まれる規定であって児童の権利の実現に一層貢献するものに影響を及ぼすものではない。
　(a)　締約国の法律
　(b)　締約国について効力を有する国際法

　　　　第二部

第四十二条 〜 第四十五条　（省略）

　　　　第三部

第四十六条 〜 第五十四条　（省略）

索　引

あ行

ILO　26
赤沢鍾美・ナカ夫妻　21
アセスメント　70
遊び型非行　134
アタッチメント　3
アームズハウス　15
アルメーダ,L.　20
安否確認　107
医学モデル　68
「イエ」制度　6
育児休業法　24
育児疲れ　88
育児不安　88
育成医療　36
石井十次　21
石井亮一　21
いじめ　127
一時保護　41,43,107
逸脱行動　133
5つの巨人　19
1.57ショック　25,87
意図的な感情表出　60
インクルーシブ教育　123
インテグレーション　123
うつ病　11
運営費　50,52
叡尊　20
エリザベスⅠ世　16
エリザベス救貧法（旧救貧法）　16
エンゼルプラン　25,73,87
延長保育事業　83
エンパワーメント　8,9,126
親子分離　108

か行

改正救貧法　17
カウンセリング　42,56,108
核家族の機能　6
学習障がい児　11
学童保育　84,85
囲いこみ運動　16
家族の再統合　106,108
片親家庭　116
学校恐怖症　129
葛藤解決　63
家庭機能　5
家庭児童相談室　40,106
家庭的保育　95
家庭的養護　109
家庭養育　109
感化院　21
間接援助　9
間接援助技術　56,57
基礎的事項　81
気になる子　11,12,74,122
基本的人権の保障　2
虐待通報　43,107
虐待の発見　106
QOL　68
救護法　22
救済の4原則の覚え書　23
休日保育事業　83
救貧法　16
居宅訪問型保育　95
行基　20
居所指定権　7
緊急保育対策等5か年事業　25
空海　20

150

グループホーム　109	里親　42,111
グループワーク　57	里親委託　111
軽度発達障がい児　11	里親制度　111,112
刑法犯少年　134	ザビエル, F.　20
契約施設　46	COS運動　18
ケースワーク　56-58	GHQ　23
現金給付　34	自己決定　60
健康診査　40	自己実現　7
健康相談　40	次世代育成支援対策推進法　25
現物給付　36	施設入所措置　136
ケンペ, C.　101	施設福祉サービス　36
健民健兵　22	施設養護　109
合計特殊出生率　4	慈善活動　16
厚生事業　23	慈善事業家　21
後発発展途上国　26	慈善組織協会　18
公定価格　95	自閉症スペクトラム　121
国際福祉　26	児童委員　42
国民保険法　19	児童家庭支援センター　45
国連子ども特別総会　31	児童館　45,90,91
「心の教室」整備事業　131	児童虐待　100-108
孤児院　109	児童虐待の防止等に関する法律（児童虐待防止法）　12,102
乞食取締令　16	児童虐待防止協会　101
子育て基盤の強化　89	児童居宅介護等事業　36
子育てサークル　90,91	児童憲章　31
子育て支援サービス　88	児童健全育成　4,90
子育ての地域化・共同化　88	児童権利宣言　31
子ども・子育て応援プラン　25	児童心理司　43
子ども・子育て支援新制度　25,85,92-96	児童指導員　53
子どもの権利オンブズパーソン　129	児童自立支援施設　45,136
子どもの権利条約　2,6,26,31,33,138	児童相談所　41,102,103,105-108,136
子どもの社会化　6	児童短期入所事業　36
子どもの発見　29	児童手当　34,35
コノプカ, G.　61	児童手当三法　24
個別化　60	児童手当法　24
米騒動　21	児童デイサービス事業　36,125
子守学校　81	児童の遊びを指導する者　53,91
5領域　81	児童の権利に関する条約 →子どもの権利条約
さ 行	児童発達支援センター　45
在宅支援　107	児童福祉司　42,53
在宅福祉サービス　36	児童福祉施設の設備及び運営に関する
最低賃金法　19	

索引　*151*

基準　　50,52,55,80,96,99
児童福祉法　　2,23,36,81,124
児童扶養手当　　34,35
児童保護事業　　23
児童遊園　　45
児童養護施設　　45,50,51,108-110
児童労働　　26
シーボーム報告　　19
社会化　　6
社会事業　　22
社会治療　　60
社会的養護　　109
社会福祉士　　54
社会福祉主事　　55
社会福祉法　　46
社会福祉法人　　46
就園奨励費　　34
修学資金　　34
就学時健診　　123
就学免除　　121
就学猶予　　121
集団力学的関係　　61
自由放任主義　　17
収容施設　　→　アームズハウス
就労支援機能の強化　　88
恤救規則　　21
出産育児一時金　　34
出産手当金　　34
主任児童委員　　107
ジュネーブ宣言　　29
受容　　60
障害者総合支援法　　124
障害者差別解消法　　124
障害者自立支援法　　126
障害児相談支援事業　　36,126
少子化社会対策基本法　　25
少子化対策　　24,25
小舎制　　110
聖徳太子　　20
少年院　　136
少年犯罪　　134
少年法　　134
初期介入　　107

助言指導　　42
助産施設　　45
自立活動　　122
自立助長　　7
新エンゼルプラン　　25
親権　　7,32,109
心身障害児通園施設　　124-125
身上監護権　　7
親族里親　　111
身体障害者福祉法　　23
身体的虐待　　102
親鸞　　20
心理治療　　42
心理療法　　70,77
心理的虐待　　102
スクールカウンセラー　　133
スクールソーシャルワーカー　　69,129,133
健やか親子21　　41
生活型非行　　134
生活資金　　34
生活保護法　　23
生活モデル　　68
制限的状況の克服　　63
成長・発達の権利　　3
性的虐待　　102
誓約措置　　42
世界子どもサミット　　31
世界人権宣言　　31
絶対的扶養義務　　7
セツルメント活動　　18,61
相対的貧困率　　13
戦災孤児　　23
専門里親　　111
ソーシャルワーク　　9,10,68
ソーシャルワーカー　　8,9,69
措置施設　　44
措置費　　51,52

　　　　　　　　　た　行

第一種社会福祉事業　　46
待機児童　　25
第三者評価　　52,98

大舎制　110
対人的な援助　34
第二種社会福祉事業　46
託児所　22,81
立ち入り調査　98
男女雇用機会均等法　24
地域子育て支援
　──拠点事業　90
　──センター　89
地域子ども子育て支援事業　90,96
地域型保育事業　85
地域組織化事業　91
地域保健法　40
父親クラブ　91
知的障害者福祉司　53
チャルマーズ,T.　18
注意欠陥／多動性障がい（ADHD）児　121
チーム保育　76
懲戒権　7
重源　20
直接援助技術　56
通所施設　44
つどいの広場　90
適応指導　130
　──教室　132
統合教育　123
登校拒否児　130
統制された情緒的関与　60
特定保育　83
特別支援学級　121
特別支援学校　121
特別支援教育コーディネーター　123
特別児童扶養手当　34,35
特別養子制度　115
徒弟奉公　16
留岡幸助　21
トラウマ（心的外傷後遺症）　108

　　　　　な 行

ナショナルミニマム　19
難民問題　26
二次障害　129

日本国憲法第25条　23
日本保育ソーシャルワーク学会　74
乳児院　45,51
入所施設　44,46
認可外保育施設　97
忍性　20
任用資格　54
ネグレクト　102
野口幽香　21
ノーマライゼーション　19,123

　　　　　は 行

配偶者からの暴力の防止及び被害者の
　保護等に関する法律（DV防止法）
　118
バイスティックの7原則　60
ハーグ条約　116
パーソンズ,T.　6
発達障害者支援法　123
発展途上国　26,100
バーナード,T.J.　18
母親クラブ　91
反抗型非行　134
PPE問題　26
ひきこもり・不登校児童福祉対策モデ
　ル事業　132
被虐待児症候群　101
非行児童　133
非行相談　136
非審判的態度　60
ひとり親家庭（世帯）　13,117
秘密保持　60
貧困対策推進法　14
病後児保育　83
ファミリーサポートセンター事業　96
ファミリーホーム　109
福祉国家　19
福祉事務所　37
父子世帯　117
ブース,C.　18
普通養子制度　115
不登校児童　12

索引　**153**

フリースクール　132
不良行為少年　134
ふれあい心の友（メンタルフレンド）
　　訪問援助事業　132
分離保護　107
ベバリッジ，W.H.　19
ベバリッジ報告　19
ベビーシッター　95
ベビーホテル　97
ヘンリーⅧ世　16
保育教諭　95
保育所　50,78,80,81,93,94
　　──の役割期待の変化　81
　　──の利用の仕組み　47,94
保育所機能の地域開放　83
保育所保育指針　72
保育ソーシャルワーク　72,76,84
保育を必要とする児童　78,94
保育ニーズの多様化　82
保育所等訪問支援事業　126
保育料　48
放課後子供教室　86
放課後子ども総合プラン　84-86
放課後児童クラブ　84,86
放課後児童健全育成事業　84
放課後児童支援員　85
放課後等デイサービス事業　126
包括教育　123
方面委員　22
訪問教育　123
保健指導　40
保健センター　40
保健相談　41
保護の怠慢，不適切　102
母子及び父子並びに寡婦福祉法
　2,119
母子加算　34
母子家庭　34,118
母子父子寡婦福祉貸付金制度
　34,118

母子生活支援施設　119
母子保健推進員　41
母子保健法　40

ま　行

マルサス，T.H.　17
マルトリートメント　102
未熟児に対する訪問指導　40
ミレニアム開発目標　31
民営化　84
民間移管　84
無拠出老齢年金法　19
メアリー・エレンの事件　101
盲学校　121

や　行

夜間保育　83,84
夜警国家　19
山室軍平　21
ユニセフ　26
養育医療　36
養育里親　111
養育費の支払い義務　118
養護学校　121
養子縁組里親　111
幼保連携型認定こども園　92,94
養老戸令　20

ら　行

ラウントリー，S.　18
リッチモンド，M.　58
療育指導　40
療育の給付　36
利用契約施設　46,47
利用施設　46
利用者主権　47,76
ルソー，J.J.　28
劣等処遇原則　17
聾学校　121

著者紹介

櫻井　慶一（さくらい　けいいち）
1975年　早稲田大学大学院　文学研究科教育学専攻修士課程修了
1977年　日本社会事業学校修了
　　　　社会福祉士（東京都社会福祉士会所属）
現　在　文教大学人間科学部教授
著　書　『初めての児童・家庭福祉』学文社
　　　　『夜間保育と子どもたち－30年の歩み』北大路書房
　　　　『EC諸国における児童ケア』（共訳書）学文社
　　　　『現代のエスプリ　ベビーホテル』（編著）至文堂
　　　　『児童家庭福祉』（共著）放送大学教育振興会
　　　　『第三者評価と保育園』新読書社

児童・家庭福祉の基礎とソーシャルワーク

2016年4月10日　第1版第1刷発行

著　者　櫻　井　慶　一　ⓒ
発行者　田　中　千　津　子
発行所　㈱　学　文　社

郵便番号 153-0064　東京都目黒区下目黒 3-6-1
電話 (03) 3715-1501（代表）　振替 00130-9-98842

乱丁・落丁本は，本社にてお取替致します。　　印刷　新灯印刷株式会社
定価は，カバー，売上カードに表示してあります。　〈検印省略〉

ISBN978-4-7620-2601-0　　Printed in Japan